中国特色学徒制的探索与实践

——以广西职业技术学院物流类专业为例

吴砚峰　李爱雄　著

北京交通大学出版社

·北京·

内 容 简 介

本书第一章系统地介绍了中国特色学徒制的发展历史,包括新中国成立前后的学徒制,到现代学徒制,再到中国特色学徒制等几个阶段,分析了中国特色学徒制的内涵与特征。

第二章介绍了德国"双元制"的发展历史、实施方式及其特点,英国现代学徒制的发展历史、实施方式及其特点,并在此基础上分析了中国特色学徒制与德国"双元制"、英国现代学徒制的相同之处与不同之处。

第三章介绍了广西职业技术学院物流类专业中国特色学徒制的发展历史、实施过程和经验做法,以及学徒制实施的理论成果和实践成果。

第四章是中国特色学徒制相关理论研究成果汇编,收集和整理广西职业技术学院物流类专业教师近几年撰写与发表的中国特色学徒制的相关系列论文,介绍中国特色学徒制领域的研究动态、前沿问题和学术观点,形成系统性的知识体系,为中国特色学徒制的发展提供基础和支持。

图书在版编目(CIP)数据

中国特色学徒制的探索与实践 : 以广西职业技术学院物流类专业为例 / 吴砚峰,李爱雄著. -- 北京 : 北京交通大学出版社,2025. 3.
ISBN 978-7-5121-5484-1

Ⅰ. G719.2

中国国家版本馆 CIP 数据核字第 2025TT0233 号

中国特色学徒制的探索与实践——以广西职业技术学院物流类专业为例
ZHONGGUO TESE XUETUZHI DE TANSUO YU SHIJIAN——YI GUANGXI ZHIYE JISHU
　　XUEYUAN WULIULEI ZHUANYE WEI LI

责任编辑:李运文
出版发行:北京交通大学出版社　　电话:010-51686414　　http://www.bjtup.com.cn
地　　址:北京市海淀区高梁桥斜街 44 号　　邮编:100044
印 刷 者:北京华宇信诺印刷有限公司
经　　销:全国新华书店
开　　本:170 mm×240 mm　　印张:11.75　　字数:215 千字　　插页:2.25 印张
版 印 次:2025 年 3 月第 1 版　　2025 年 3 月第 1 次印刷
定　　价:69.90 元

本书如有质量问题,请向北京交通大学出版社质监组反映。
投诉电话:010-51686043,51686008;传真:010-62225406;E-mail:press@bjtu.edu.cn。

序

　　中国特色学徒制是我国技术技能人才培养的一项重要制度，已上升到国家层面，它肩负着中国特色高素质技术技能人才培育的重大历史使命，中国特色学徒制被写入《中华人民共和国国民经济和社会发展第十四个五年规划和 2035 年远景目标纲要》。2022 年 4 月，第十三届全国人民代表大会常务委员会第三十四次会议修订的《中华人民共和国职业教育法》，更是将中国特色学徒制上升到国家法律层面。

　　2015 年，广西职业技术学院物流管理专业被确定为教育部首批现代学徒制试点专业，与中国物流与采购联合会、上海环众物流有限公司、广西德邦物流有限公司联合开展"四方协同、双主体培养、第三方机构独立监管"的现代学徒制人才培养探索和创新工作；引进英国现代学徒制标准，并按照我国实际情况进行本土化改造，形成了广西职业技术学院特色的学徒制标准，并在全国首发现代学徒制地方团体标准。2018 年，广西职业技术学院物流管理专业以"优秀"等级首批通过教育部现代学徒制验收，并持续开展学徒制理论研究与实践探索，积累了丰富的学徒制教育与人才培养经验，并向广西壮族自治区内外以及东盟国家的 50 多所院校推广。广西职业技术学院物流类专业中国特色学徒制的做法与经验还得到《现代物流报》、《中国教育报》、新华社广西频道、现代高等职业技术教育网、广西八桂职教网等主流媒体的报道。

本书不仅能作为普通读者了解中国特色学徒制的读物，还能为开展中国特色学徒制人才培养的学校和企业提供有益的借鉴与参考。

胡延华

于深圳职业技术大学

2025 年 1 月

前　言

　　学徒制作为职业教育的初始形态，长期以来在技能人才培养过程中扮演着至关重要的角色。自古以来，通过师徒相传的方式，技能和知识得以代代相传，为社会培养了大量技艺精湛的手艺人。进入 21 世纪，随着社会经济的快速发展和产业结构的不断升级，对技能人才的需求日益增长，传统的学徒制已经不能完全满足现代社会对技能人才的培养要求。因此，2011年，教育部发出了探索具有中国特色的现代学徒制发展路径和方法的倡议，旨在结合我国国情，创新职业教育模式，以更好地适应经济社会发展的需要。经过几年的筹备和研究，2015 年，现代学徒制试点工作正式在全国范围内展开。作为教育部首批现代学徒制试点专业之一，广西职业技术学院的物流管理专业在学徒制人才培养方面积极探索，积累了宝贵的经验，并得到了国内外众多院校及主流媒体的高度评价。本著作通过对广西职业技术学院物流类专业中国特色学徒制经验的梳理和总结，旨在帮助读者更深入地理解中国特色学徒制，并为其提供借鉴，以提升中国特色学徒制的人才培养效果，从而为我国职业教育的发展贡献一份力量。

　　本著作共分为四章，每一章都旨在为读者提供关于中国特色学徒制的深入理解和实践指导。第一章详尽阐述了中国特色学徒制的发展历程、内涵及其特征，旨在帮助读者更全面地掌握中国特色学徒制的演变脉络，深入理解其本质。第二章详细介绍了德国"双元制"和英国现代学徒制的发展历程、实施细节及其特征，并在此基础上与中国特色学徒制进行了比较分析，以帮助读者更好地吸收国外学徒制的经验，并结合我国实际情况进行创新。第三章详细叙述了广西职业技术学院物流类专业在探索中国特色学徒制过程中的历史、实践方法、经验积累以及人才培养的成效，为读者详尽提供了借鉴该校做法的指南。第四章收录了广西职业技术学院物流类专业教师团队在研究中国特色学徒制方面所取得的部分理论成果，旨在为读者提供理论支持和实践参考。

本著作的撰写得到了广西职业技术学院多位领导和同事的大力支持，以及中国物流与采购联合会、上海环众物流有限公司、广西德邦物流有限公司的无私帮助。在此，一并衷心感谢所有为本著作出版付出努力的同仁。本著作从构思、修改到最终成书，笔者在这一过程中努力创新，每一步都凝聚了大家的智慧和汗水，虽有挑战，但终有所得。期望本著作能成为读者探索中国特色学徒制的向导，为大家带来新的启迪和思考；同时本著作中难免存在不足之处，敬请专家、读者批评指正。

希望各位读者在阅读的过程中有所收获，与我们一道为促进中国特色学徒制的发展与提升共同努力，以期为我国培养更多高素质技能人才，为实现中华民族伟大复兴的中国梦贡献力量。

2024 年 12 月

目　录

第一章

中国特色学徒制

第一节　中国特色学徒制发展历程

　　学徒制（apprenticeship），是指在近代正式的学校教育出现以前，在各类手工作坊、商行中，徒弟在师傅的指导下获得各类知识、技艺技能的一种教育活动方式，是学校教育出现之前人类社会知识、技艺技能和文化传承的主要形式。作为一种古老的职业训练方法，学徒制属于高度情景化的学习方法，学徒需要在真实的工作场所内，通过观察、模仿师傅的操作，感知和捕捉师傅的技艺，并在师傅的指导下进行实际操作，从而逐渐掌握师傅所具备的各项技能。

一、中国传统学徒制阶段

（一）新中国成立前的学徒制阶段

　　学徒制可被视为职业教育的最早形态。早在奴隶社会，学徒制作为一种技艺传承方式就已经以非制度化的方式存在了，但当时的技艺传承主要局限在家族范围内。进入封建社会后，学徒制得到迅速发展。随着生产力的发展，手工业迅速发展壮大，因此，局限于家族范围内的技艺传承已经远远无法满足手工业的快速发展对技能人才的需求，职业教育开始走出家庭，以初级的、非制度化的学徒制形态将技能技艺传授给家族以外的成员，这就是学徒制的雏形。新中国成立前的学徒制主要有民间学徒制、行会学徒制和官营学徒制3种。

1. 民间学徒制

民间学徒制的形成主要是手工作坊主为了满足人才需求，通过招收学徒打下手，为其工作提供帮助，以此来提高生产效率，扩大生产规模。民间学徒制完全是师徒之间私下的约定，因此它不受官府和任何组织的约束。通常在学徒制开始前会举行正式的拜师仪式。学徒事先准备好拜师帖，拜师帖上需要写明学徒的姓名、出生日期，以及师傅的姓名、师承、师门等相关信息；之后学徒要对师傅行三叩首之礼，跪献红包和拜师帖，敬茶以示对师傅的尊敬和拜师的诚心；师傅对徒弟讲授本门规矩，训诫徒弟必须遵守师门规矩，并赠予徒弟一些学习用品和礼物；拜师仪式结束后，学徒的父母需要宴请师傅一家、师叔师兄、保荐人、师门亲友等，以表达他们对师傅、师娘等的尊重。学徒在拜师仪式后就成为正式的学徒，并跟随师傅一边工作，一边学习若干年，直到得到师傅认可方可出师。通常情况下，学徒在出师后还需要无偿地为师傅工作一段时间，以表达对师傅的感恩，之后便可以自立门户营业。

民间学徒制没有明确的学徒时间、学徒资格以及对学徒的培养方法等方面的规定，也没有任何外在的监督机制，因此并不能称其为一种真正意义上的"制度"。学徒一般就是师傅的子女或养子、养女，师徒关系融洽，虽然保证了技艺秘诀不至于外泄，但也限制了技艺的对外传播，不利于技艺的提升和扩展。学徒一边从事生产，一边学习，是完全的工作本位的培养方式，学徒主要通过模仿师傅和自己试错的方式来获得技能；由于师徒关系亲密，师傅不仅要教会学徒各种工艺技能，还要向学徒传递道德规范等。这种学徒制形式至今仍在我国许多农村地区和传统手工业领域广泛存在，并没有随着行会学徒制和官营学徒制的衰落而彻底消失，依然为中国经济和社会的发展贡献着力量。

2. 行会学徒制

我国的行会出现于唐朝，成熟于宋朝，在明朝和清朝达到顶峰。行会组织的名称种类繁多，包括行、团、作、会、堂、殿、宫、庙、阁、社、庵、院、馆、门、帮、祀、公等，其最初成立的主要目的是控制行业内部竞争。各个行会都有自己的祖师，祖师崇拜则体现了行会对技艺传承的重视；行会有明确的规章制度，并得到明清朝廷的认可而作为商贸法律的补充；行会负责制定行业标准和市场准入制度，个人要想从事某一行业都必须向行会报备并遵守行规；行会还要负责调解行业内外的纠纷。行会独特的管理体系既保证了行业的稳定和发展，也维护了行业的利益和秩序。行会学徒制也伴随着行会的产生而出现，这种传承方式不仅保证了技艺的延续，也维护了行业的稳定。由于行会产生的最主要目的是控制竞争，因此行会学徒制的主要目的也是限制师傅招收徒弟的数量，许多行会都规定师傅招徒弟要"一进一出"，不可多招。

行会学徒制的出现使学徒制从民间学徒制的私人性质逐渐过渡到公共性质，由行会对学徒制的实施过程进行规范和监督。行会还对学徒制师傅的资格、教学内容、学徒学习年限、学徒出师要求等做了明确的规定，并且为了控制行业内的竞争规定了比较长的学徒年限（一般为 7 年），尽管许多行业的技艺传承并不需要这么多年。与民间学徒制的培养方式一致，行会学徒制依然采取工作现场的观摩与练习方式，因此行会学徒制的培养效率并不高。在行会学徒制中，师徒关系依然较为亲密，但不同于民间学徒制中那种亲密无间的父子关系，开始向雇佣关系转变。

20 世纪初期，随着中国工业化进程加快，工厂生产逐步代替了手工作坊式生产，行会垄断被打破，传统的行会学徒制也因此土崩瓦解，取而代之的是各种学徒学堂和实业学校。清政府在 1866 年创办的福州船政学堂，成为中国近代史上第一所实业学校，标志着中国近代职业教育的开端。清政府通过增加教学场所和学徒数量来大力推行学徒制，学徒制由于得到政府的大力支持而快速发展。民国时期，学徒制得到了进一步的发展，除了继续推行学徒制，政府还通过法律手段来支持学徒制，通过立法的方式对学徒的培训年龄、地域、文化背景等都作出了相应的规定，为中国培养了一大批经济发展所需要的技术技能人才。我国也从此走上了一条以职业学校为主要形式的职业教育发展道路。

3. 官营学徒制

西周时期，手工业由官府统一管理，工匠们集中在官府设立的作坊内，使用官府供给的原料来生产官府指定的产品，并且工匠们的职业采取世袭的方式。到唐朝时，随着官营手工业的发展，官营手工作坊中的学徒制已经发展得非常完善了。唐朝官府设置少府监，负责从全国各地挑选能工巧匠来充当培养学徒的师傅，要求师傅必须尽心尽力对学徒进行培养，以保证学徒培养的高水准；挑选学徒到少府监学习细镂、车辂、乐器制造等精细手艺，制定完备的学徒培养标准、学徒培养计划，以及学徒考核制度；按照生产工艺的难度对学徒的年限作出了明确的规定。《新唐书·百官志》有记载：细镂之工，教以四年；车辂乐器之工，三年；平漫刀稍之工，二年；矢镞竹漆屈柳之工，半焉；冠冕弁帻之工，九月。教作者传家技，四季以令丞试之，岁终以监试之，皆物勒工名。

宋朝以后，随着官营手工作坊规模的进一步扩大，官营学徒制得到了进一步发展，在唐朝的官营学徒制的基础上，建立了"中央—地方—民间"的三级学徒培养模式。为了规范官营学徒制的学徒培养，官府推行"法式"学徒培养法，由官府组织人员将操作规范和技术知识编撰成手册，师傅则按照手册对学徒进行指导。如宋朝将作监李诫奉敕编修的《营造法式》是中国古籍中最完整的一部建筑技术专书，对建筑设计、施工的规范进行了明确的规定；宋朝熙宁年间为统一兵器制度而编定的《熙宁法式》，包括杂材1卷、军器74卷、物料21卷、杂物4卷、添修及制造弓弩10卷，共110卷。这些书籍对产品的生产制造、工匠的技术规范要求都作出了明确的规定，使得官营学徒制的授徒内容有了可依据的专门训练教材，对技艺传承的标准化、高水准化起到了极大的促进作用。

明朝中后期，随着商品经济的发展，资本主义萌芽在我国一些地区产生，官营手工业开始向民营手工业转变。此时，官府通常直接向官营手工业的匠户们征收银两，而不再征用其生产的产品，这给官营手工业的发展带来了深刻的影响。在此之前，官营手工业代表着生产技艺的最高水平，因而在手工业中占据着主导地位。明朝官府对官营手工业征收实物的变化，导致官营手工业主需要自己将生产出来的产品拿到市场上去销售以换取真金白银，而官营手工业主的销售对象主要是对产品品质要求并不高且购买力较低的普通老百姓，这也导致官营手工业的高超技艺逐渐被世俗化，技艺要求逐渐下降，官营手工业在手工业中的地位也一落千丈，官营学徒制也日渐式微。1840年，英国发动鸦片战争，在1842年迫使清政府签订了《南京条约》。1856年，英、法联合发动了第二次鸦片战争，又迫使清政府签订了《天津条约》《北京条约》等，中国逐步丧失主权，逐渐沦为半殖民地半封建社会，被迫进入世界资本主义的发展体系，生产方式也由手工作坊逐渐向资本主义生产方式过渡，官营学徒制也伴随着封建王朝的没落而逐步退出历史舞台。

（二）新中国成立后的学徒制阶段

随着现代工业的发展，中国传统学徒制的影响日益减弱。尽管"学徒制"这个词语依然在使用，但其在意义上发生了变化。学徒制技艺传承的教育功能逐渐被弱化。在旧中国，资本家为了牟取暴利而大批量招收学徒，对学徒的技能培养也不重视，使学徒逐渐沦为廉价劳动力，学徒制也成了资本家剥削学徒的工具。新中国成立后，我国对学徒制进行了全面改革。

1950年，政务院发布《关于开展职工业余教育的指示》，这也是新中国成立后发布的第一个关于职业教育的文件。《关于开展职工业余教育的指示》提出：动员工厂内有技术的工人树立培养下一代技术工人的观念；对不同的岗位的学徒制定不同的技术培训方案并且签订师徒合同；制定学徒考核办法，如定期举行考试，对成绩合格的学徒，一方面提升他本身的技术等级，另一方面给予他的师傅一定数额的奖金。[1] 1958年，国务院（1954年9月，中华人民共和国国务院成立，中央人民政府政务院结束）颁布《关于国营、公私合营、合作社营、个体经营的企业和事业单位的学徒学习期限和生活补贴的暂行规定》，首次对学徒培训进行了较为全面的规定，明确了师徒双方应尽的义务和应享有的权利；规定参加培训的学徒必须年满16周岁；学徒培训期限一般为2~3年；学徒期满后考试合格即可转为正式工人或职员；学徒期内由学徒所在单位按照当地或本行业一般低级职工的伙食费加少许零用钱的标准按月向学徒发放生活补贴。这一文件的出台极大

---

① 周恩来. 中央人民政府政务院关于开展职工业余教育的指示[J]. 山东政报，1950（7）：33.

地促进了学徒制的发展。据统计，新中国成立后至 1959 年，工业、建筑业等 12 个行业培养的 837 万名新技术工人中，通过学徒制方式培养的新技术工人人数占比高达 95%。[1]

在工厂大规模开展学徒培训的同时，为了消除工农、城乡、脑力与体力劳动三大差别，也为了满足劳动人民对提升学历的愿望，半工半读这种新的教育形式应运而生。1958 年，刘少奇同志在中共中央政治局扩大会议上正式提出了实施"两种教育制度、两种劳动制度"的建议。他认为，我们国家应该有两种主要的学校教育制度和工厂、农村的劳动制度。一种是现在的全日制的学校教育制度……现在工厂里面、机关里面八小时工作的劳动制度。这是主要的。此外，是不是还可以采用一种制度与这种制度并行，也成为主要制度之一，就是半工半读的学校教育制度和半工半读的劳动制度。[2]同年，教育部开始在天津等城市推行半工半读的教育模式，这种教育模式强调在学习文化知识的同时开展劳动生产，旨在培养学生的实践能力和职业技能。早期的半工半读办学以工厂企业办学为主，主要招收初中毕业生，学制一般为 4 年，学生参加生产劳动的时间和参加教学活动的时间基本相当，实行定工种、定岗位和定师傅的"三固定"制度，学生可以获得一定的生活补贴；而针对工厂职工实行的半工半读则是由工厂每天用 1~2 个小时或每周用两个半天的时间统一组织职工参加学习。

1964 年，中共中央印发了《关于发展半工（耕）半读教育制度问题的批示》。1980 年，中共中央和国务院联合发布的《关于中等教育结构改革的报告》（中发〔1980〕64 号）也明确提出了半工半读的教育方针。1965 年，刘少奇同志在主持召开全国农村半农半读教育会议和全国城市半工半读教育会议时明确提出了"用五年时间进行试点，十年时间全面推广"的方针。同年，中共中央批转的教育部党组《关于全国城市半工半读教育会议的报告》的附件《教育部、财政部关于国家办的半工半读中等学校财务管理暂行规定（试行草案）》规定，半工半读学校争取逐步做到经费大部分

---

① 寇金和，徐泽星，魏化纯. 职业教育与培训管理教程[M]. 北京：经济日报出版社，1989.
② 中共中央文献研究室刘少奇研究组，中央教育科学研究所. 刘少奇论教育[M]. 北京：教育科学出版社，1998.

或全部自给。在国家的大力支持下，半工半读的办学形式在我国发展迅速，学校规模、培养人数均逐年攀升。有数据显示：截至 1965 年年底，全国半工（农）半读学校达到 7 294 所，在校生超过 126.6 万人[①]，极大地促进了职业教育的发展。这种学校与工厂合作的半工半读的教育模式已经具备现代学徒制人才培养模式的雏形，学徒制由此逐渐褪去了封建、剥削的历史痕迹，开始发展壮大。

1978 年，党的十一届三中全会提出对内改革、对外开放的政策，为学徒制带来巨大的发展机遇。我国通过改革开放建立了社会主义市场经济体制，急需大量的技术工人开展社会主义建设。在这一背景下，学徒制再次被提上了日程。1979 年，国家经济委员会　国家劳动总局颁布《关于进一步搞好技工培训工作的通知》，强调学徒制是我国培养技术工人的主要途径。1981 年，《关于加强职工教育工作的决定》《关于加强和改进学徒培训工作的意见》等文件陆续出台，学徒培训作为开展职工教育的一种重要方式被确立下来。根据国家劳动总局颁布的《关于加强和改进学徒培训工作的意见》（〔81〕劳总培字 28 号），招收学徒要对学徒在德智体方面进行考核，择优录取；学徒要具备初中或以上文化程度，年龄为 16～22 周岁；根据工种技术复杂程度的不同，学徒期限也有所不同，一般为 2～3 年；学徒在培训期间学习理论知识的时间不得低于总时间的 1/3；学徒期内学徒要参加学时考核、学年考核以及期满考核，考核合格者方能转为正式员工；学徒培训必须签订师徒合同，师傅要保证包教包会；鼓励有条件的企业建立学徒培训车间或工段和班组，组织学徒进行集中学习；定期开展岗位轮换，保证学徒掌握多项技能；各省（自治区、直辖市）要根据当地的消费水平向学徒提供生活补贴。

但此时的学徒培训仍然与西方工业化初期的工厂学徒制基本一样，并没有发展成为企业培训与学校教育两者有机结合的现代学徒制。随着我国经济的飞速发展，技术技能人才的需求缺口越来越大，原有的生产现场学徒制已经不能满足当时社会对技能技术人才的需求。1983 年，劳动人事部（1988 年 4 月，劳动人事部被撤销，组建了中华人民共和国劳动部；1998

---

① 李蔺田. 中国职业技术教育史[M]. 北京：高等教育出版社，1994：311.

年，在劳动部基础上组建中华人民共和国劳动和社会保障部；2008 年组建中华人民共和国人力资源和社会保障部）召开全国会议，提出企业要从实际出发，变招工为招生，实行先培训、再就业的政策。1985 年，《中共中央关于教育体制改革的决定》开始实施，"先培训、后就业"的学徒培养模式逐渐成形，职业院校、技工学校成为培养技术技能人才的主要场所，学校职业教育制度逐步确立，传统的学徒制日渐衰落。此后，技术技能人才的培训任务逐渐从企业过渡到职业院校手中，学徒制逐渐被职业院校取代。1992 年，劳动部颁发了《关于贯彻〈国务院关于大力发展职业技术教育的决定〉的通知》（劳培字〔1992〕5 号），提出改革学徒培训，将招收学徒工逐步改为招收定向培训生，在企业进行操作训练，在职业技术院校、就业训练中心等机构进行专业技术和理论学习。至此，我国的学徒培训逐渐具备西方现代学徒制的基本特性。

二、现代学徒制阶段

中国现代学徒制的发展可以分为以下四个阶段。

（一）现代学徒制萌芽阶段

随着改革开放的推进，教育领域也积极开展各种国际交流与合作，学习和借鉴国外职业教育的成功经验成为我国职业教育发展的重要方向。在 20 世纪 80 年代，我国开始引进德国"双元制"的职业教育模式，并在南京、上海等地进行试点，由德国提供设备和教学资源，我国的学校则负责按照德国的教学计划和培训方式实施"双元制"的教学。但当时的"双元制"试点直接照搬德国"双元制"的做法，与中国的国情不吻合，导致企业参与"双元制"的积极性不高。之后，中国开始探索具有中国特色的工学结合模式。

1991 年，国务院颁布《关于大力发展职业技术教育的决定》（国发〔1991〕55 号），提倡产教结合、工学结合。这是我国在政策文件中首次使用"工学结合"这一概念。1996 年，第八届全国人民代表大会常务委员会第十九次会议通过了《中华人民共和国职业教育法》，指出职业教育是国家教育事业的重要组成部分，这标志着职业教育地位的提升。"产教结合"也被正式写入了《中华人民共和国职业教育法》。《中华人民共和国职业教育法》要求职业学校、职业培训机构实施职业教育应当实行产教结合，可以举办与职业教育有关的企业或者建立实习场所。

进入 21 世纪后，我国政府不断地对工学结合提出更为明确的方法和策略指导。2002 年，国务院发布《关于大力推进职业教育改革与发展的决定》（国发〔2002〕16 号），提出职业学校要加强与相关企事业单位的共建和合作，利用其设施、设备等条件开展实践教学；同时职业学校也要根据不同专业、不同教育培训项目和学习者的实际需要实行灵活的学制和学习方式，推行学分制等弹性学习制度，为学生半工半读、工学交替、分阶段完成学业等创造条件。2005 年，国务院又发布《关于大力发展职业教育的决定》（国发〔2005〕35 号），提出要建立与市场需求和劳动就业紧密结合，校企合作、工学结合，结构合理、形式多样，灵活开放、自主发展，具有中国特色的现代职业教育体系。"工学结合"一词首次正式地与建设有中国特色的职业教育体系联系在一起。不仅如此，《国务院关于大力发展职业教育的决定》还对如何开展工学结合与校企合作提出了具体的策略：一方面职业学校要与企业紧密联系，加强学生的生产实习和社会实践，改革以学校和课堂为中心的传统人才培养模式，要求中等职业学校的在校学生在最后一年要到企业等用人单位顶岗实习，而高等职业院校的学生去企业实习实训的时间不少于半年，并建立企业接收职业院校学生实习的制度；另一方面逐步建立和完善半工半读制度，在部分职业院校中开展学生通过半工半读实现免费接受职业教育的试点。

为了贯彻落实《国务院关于大力发展职业教育的决定》的精神，教育部于 2006 年发布了《关于职业院校试行工学结合、半工半读的意见》（教职成〔2006〕4 号），提出要进一步提高对职业院校试行工学结合、半工半读的认识；进一步加强校企合作，加快推进职业教育人才培养模式的根本性转变；进一步深化职业教育教学改革，大力推行工学结合、校企合作的培养模式；积极开展学生通过半工半读实现免费或低费接受职业教育的试点工作；完善管理办法，提供政策支持，为推进工学结合、半工半读提供制度和条件保障；加强领导，大胆实践，确保工作健康、持续开展。同年

10 月，教育部在青岛召开了全国中等职业教育勤工俭学会议，在会上确定了 107 所勤工俭学、半工半读试点的中等职业学校。截至 2008 年，我国中等职业学校和高等职业院校接近 1.6 万所，拥有在校生近 3 000 万人，并且几乎所有的职业院校都以不同形式实行了工学结合的教育模式。

（二）现代学徒制提出阶段

2011 年 10 月，教育部在江西省新余市召开现代学徒制实践经验交流研讨会。会议的主要任务是研讨职业教育现代学徒制的内容特征，交流现代学徒制试点工作经验，引导改革试点方向，巩固推广试点工作成果。会议进一步明确由广东以及江西新余、浙江湖州等地和一批职业院校开展现代学徒制试点工作，深入探索中国特色现代学徒制的开展形式和途径。在教育部的大力支持下，江西省新余市出台了《新余市职业教育现代学徒制试点工作方案》，成立了由市委、市政府主要领导担任组长和副组长的现代学徒制试点工作领导小组，组建现代学徒制试点工作办公室，并将试点工作列入了新余市年初的政府工作报告，市财政每年安排 100 万元的专门预算用于现代学徒制试点。新余市还与广东工程职业技术学院签署了《职业教育现代学徒制探索合作协议》，双方共同致力于提升现代学徒制试点的理论研究和实践推进能力。现代学徒制试点班由校企合作共同制定课程执行标准，共同编写现代学徒制教材，共同制定《学徒技能标准》《学徒课程标准》《企业师傅标准》《学徒考核标准》《企业岗位标准》《学徒成本核算标准》等一系列标准作为现代学徒制试点班教学和考核的依据；学徒岗位由学校和合作企业共同统筹安排，共同保障学生在学徒期间的工资福利、劳动强度以及毕业后的就业等合法权益。

2012 年 1 月，中华人民共和国教育部印发《教育部 2012 年工作要点》，首次将现代学徒制试点列入教育部的年度工作要点，提出建立和完善学校、行业、企业、研究机构和其他社会组织共同参与的职业教育质量评价机制，开展现代学徒制试点工作。2012 年 6 月，教育部印发《国家教育事业发展第十二个五年规划》，提出加强职业教育内部的有机衔接，以工学结合、学分认证为基础，积极推进学历证书和职业资格证书"双证融通"的改革；鼓励有条件的地方和行业开展现代学徒制试点，企业根据用工需求与职业学校实行联合招生（招工）和培养；促进职业教育与经济社会发展有机结合，大力推行校企合作、工学结合、顶岗实习的人才培养模式，创新职业教育人才培养体制；推进职业教育产教融合、工学结合制度化，出台促进校企合作办法。

2014年2月，时任国务院总理李克强主持召开国务院常务会议，确定了加快发展现代职业教育的五项任务措施，明确提出大力推动专业设置与产业需求、课程内容与职业标准、教学过程与生产过程"三对接"，积极推进学历证书和职业资格证书"双证书"制度，开展校企联合招生、联合培养的现代学徒制试点教育。2014年5月，国务院印发《关于加快发展现代职业教育的决定》（国发〔2014〕19号），明确提出完善校企联合招生、联合培养的现代学徒制试点的支持政策，推进校企一体化育人，这标志着现代学徒制已经成为我国人力资源开发的重要战略内容。

（三）现代学徒制和企业新型学徒制试点阶段

1. 教育部现代学徒制试点阶段

为贯彻党的十八届三中全会和全国职业教育工作会议精神，深化产教融合、校企合作，进一步完善校企合作育人机制，创新技术技能人才培养模式，教育部于2014年8月印发了《关于开展现代学徒制试点工作的意见》（教职成〔2014〕9号）（以下简称《意见》）。《意见》明确了现代学徒制在服务经济发展、推动职业教育体系建设、打通和拓宽技术技能人才培养和成长通道等方面的积极意义，并对试点工作内涵的把握、试点工作推进与保障机制等作出了综合部署，通过试点、总结、完善、推广，形成具有中国特色的现代学徒制度。2014年12月，教育部在河北省唐山市召开全国职业教育现代学徒制试点工作推进会，时任教育部副部长鲁昕出席会议并就现代学徒制试点的下一步工作作出部署。2015年7月，由教育部职业技术教育中心研究所（职教所）和天津市教委联合举办的现代学徒制国际研讨会在天津召开。我国教育行政部门负责人、职业教育科研（教研）机构的专家、职业院校和行业企业代表，与来自澳大利亚、新西兰、英国和德国等现代学徒制实施效果较好的国家的驻华大使馆官员、职业教育专家共同就我国现代学徒制开展研讨与交流。

2015年8月5日，教育部办公厅印发《关于公布首批现代学徒制试点单位的通知》（教职成厅函〔2015〕29号），在对申报参与现代学徒制首批试点的5 000多家行业、企业、职业院校进行遴选的基础上，最终确定了165家单位作为首批现代学徒制试点单位和行业试点牵头单位。其中，试点地区（含计划单列市）17个，试点企业8家，试点高职院校100所，试点中等职业学校27所，行业试点牵头单位13家。2016年8月，教育部职业教育与成人教育司印发《关于公布现代学徒制试点工作任务书备案结果的通知》（教职成司函〔2016〕109号），中国艺术科技研究所因任务书备案审核结果为不通过而被中止试点资格；同意中国汽车工程学会申请放弃试点的要求。2017年8月，教育部批复同意中国建筑材料联合会、辽宁职业学院中止现代学徒制试点的申请。2018年12月，教育部按照"试点总结、省级验收、结果复核"的工作程序，组织专家对现代学徒制第一批试点单位进行验收。其中，124家单位通过验收，这些单位被认定为现代学徒制试点单位，并被要求进一步总结和推广试点经验，提升实践水平；32家单位暂缓通过验收，需要根据专家意见继续完成试点任务，并与第二批试点单位同期验收；3家单位不通过验收，其试点工作被终止；2家单位延期验收，需要在规定时间内完成建设任务并再次接受验收。

2017年7月，教育部职业教育与成人教育司发布《关于成立现代学徒制工作专家指导委员会、设立专家库（2017—2020年）的通知》（教职成司函〔2017〕71号），成立全国现代学徒制工作专家指导委员会（简称"专委会"）、设立专家库。其中，专委会主要从事现代学徒制理论研究、指导探索实践，保证教育部试点健康发展；围绕推进和推广现代学徒制开展咨询、指导、培训、评估、检查和促进交流等活动；而专家库则为专委会业务工作提供人力和智力支撑。

2017年8月23日，教育部办公厅印发《关于公布第二批现代学徒制试点和第一批试点年度检查结果的通知》（教职成厅函〔2017〕35号），按照"自愿申报、省级推荐、部级评议"的工作程序，最终确定了第二批203个现代学徒制试点单位；其中试点行业组织4家，试点地区2个，试点企业5家，试点高职院校154所，试点中等职业学校38所。2019年10月，教育部职业教育与成人教育司发布《关于公布现代学徒制第二批试点验收结果和第三批试点检查情况的通知》（教职成司函〔2019〕97号），组织专家对现代学徒制第二批试点单位、第一批延期验收和暂缓通过的 34 家试点单位进行验收。根据验收结果，232 家试点单位通过验收，2 家试点单位暂缓通过验收，1 家试点单位不通过验收，2 家试点单位延期验收；要求暂缓通过和延期验收的试点单位根据专家意见继续完成试点任务，与第三批试点单位同期验收；未通过验收的试点单位则被终止试点工作。

2018 年 8 月 1 日，教育部确定第三批 194 个现代学徒制试点单位。试点行业组织 4 家，试点地区 1 个，试点企业 4 家，试点高职院校 156 所，试点中等职业学校 29 所。2021 年 9 月，教育部职业教育与成人教育司发布《关于公布现代学徒制第三批试点验收结果的通知》(教职成司函〔2021〕40 号)(以下简称"本通知")，对现代学徒制第三批试点单位、第二批延期验收和暂缓通过的试点单位进行验收，经过会议审议、实地考察以及复核，共有 178 家试点单位通过验收、13 家试点单位暂缓通过验收、5 家试点单位不通过验收，同意 2 家试点单位放弃试点，并要求暂缓通过验收的试点单位须在本通知发布后于半年内完成整改任务并向教育部职业教育与成人教育司申请复核；未通过验收的试点单位则被终止试点资格。

教育部确定的三批现代学徒制试点单位数量见表 1-1。

表 1-1　教育部确定的三批现代学徒制试点单位数量

试点单位类型	第一批	第二批	第三批	合计
试点地区	17	2	1	20
试点企业	8	5	4	17
试点高职院校	100	154	156	410
试点中等职业学校	27	38	29	94
行业试点牵头单位	13	4	4	21
合计	165	203	194	562

从教育部前后三批的现代学徒制试点的情况来看，试点单位以高职院校为主，其单位数量占比达到 72.95%，这也体现了我国现代学徒制是以中高层次的技术技能人才为主要培养目标；其次是中等职业学校，占比为 16.73%；参与试点的行业、企业较少，两者合计占比仅为 6.76%。

如表 1-2 所示，从各省区市的情况来看，现代学徒制试点院校的分布存在较大的差距。试点院校最多的广东省共有 32 所院校参与现代学徒制试点工作，排名第二、第三的山东省和河北省分别有 30 所和 25 所院校参与试点工作。但是，排名最后的 7 个省区市的试点院校数量均不足 10 所，其中西藏自治区仅有 2 所中等职业学校参与现代学徒制试点。整体而言，华东地区由于地理位置优越、经济发达，以及企业数量、规模和技术水平均居全国前列，因而对高素质的技术技能人才的需求也较为旺盛，当地的院校和企业对开展现代学徒制试点的意愿更强。而良好的经济发展水平则为现代学徒制的进一步发展奠定了坚实的经济基础，形成现代学徒制和区域经济发展的良性循环。

表 1-2　教育部确定的三批现代学制试点院校的地区分布及层次

省区市	第一批		第二批		第三批		合计		总计
	高职	中职	高职	中职	高职	中职	高职	中职	
北京	3	1	4	1	1	1	**8**	**3**	**11**
天津	3		8		2		**13**	**0**	**13**
河北	6	1	6	4	6	2	**18**	**7**	**25**
山西	3	1	3	1	8	1	**14**	**3**	**17**
内蒙古	2	1	3		3		**8**	**1**	**9**
辽宁	4	1	9	1	6		**19**	**2**	**21**
吉林	2	1	2		3	1	**7**	**2**	**9**
黑龙江	3	1	7	1	4	1	**14**	**3**	**17**
上海	3	1	3		2	4	**8**	**5**	**13**
江苏	6		4	5	7	1	**17**	**6**	**23**
浙江	6	2	5	1	5	2	**16**	**5**	**21**
安徽	3	1	7		7	1	**17**	**2**	**19**
福建	3	2	3		4		**10**	**2**	**12**
江西	2	1	6		8		**16**	**1**	**17**
山东	7	1	7		13	2	**27**	**3**	**30**

续表

省区市	第一批		第二批		第三批		合计		总计
	高职	中职	高职	中职	高职	中职	高职	中职	
河南	5	1	2	1	7		14	2	16
湖北	4		8	1	9		21	1	22
湖南	4		5	1	10	2	19	3	22
广东	7	1	9	2	11	2	27	5	32
广西	3		5		2	1	10	1	11
海南	2		4				6	0	6
重庆	3	1	5	3	7	4	15	8	23
四川	3	1	7	1	10	1	20	3	23
贵州	2	1	4	2	5	3	11	6	17
云南	2		4		4		9	2	11
陕西	2	1	10	1	4		16	2	18
甘肃	2		2	1	2	1	6	2	8
青海	1	1	1	1	3	2	5	4	9
宁夏	1		4			1	5	2	7
新疆	3	2	7	4	4		14	6	20
西藏		1				1		2	2
合计	100	27	154	38	156	29	410	94	504

经过教育部前后三批的现代学徒制试点，最终共有 547 家单位通过验收，其中，第一批试点单位共有 148 家最终通过验收；第二批试点单位共有 185 家最终通过验收；第三批试点单位共有 214 家最终通过验收。被认定为现代学徒制的试点单位覆盖 1 000 多个专业点，每年惠及 10 万余名学生（学徒），积累了丰富的现代学徒制试点经验并开展现代学徒制在国内的宣传推广，充分发挥优秀案例的示范带动作用，形成以点带面、共同进步的工作氛围和发展态势，构建了校企联合招生、联合培养、"双主体"育人

的长效机制，全面提升技术技能人才的能力和水平。

2. 企业新型学徒制试点阶段

2015 年 7 月 24 日，人力资源社会保障部办公厅、财政部办公厅联合印发了《关于开展企业新型学徒制试点工作的通知》（人社厅发〔2015〕127号），对以企业为主导开展的"招工即招生、入企即入校、企校双师联合培养"的企业新型学徒制试点作出了部署，计划在北京、天津、内蒙古等 12个省区市开展企业新型学徒制试点工作。企业新型学徒制试点培养期限为1—2 年，其培养对象为与企业签订 6 个月以上劳动合同的技能岗位新招用人员和新转岗人员。作为企业新型学徒制的责任主体，企业需要与学徒签订培养协议，与委托培训机构或学校签订合作协议，明确学徒培养的目标、内容、期限、考核办法等。企业新型学徒在企业的培养主要采取师带徒方式，而在培训机构或学校的培养则主要采取工学一体化的教学方式。学徒培训期满，通过鉴定考核的学徒可以获得相应的职业资格证书或培训合格证书。通过建立企校双师联合培养制度、推行技工院校弹性学制和学分制、健全企业新型学徒制培训投入机制、完善企业新型学徒制补贴政策等方式为企业新型学徒制试点提供政策支持。在 2015 年和 2016 年分两批在全国的 22 个省（自治区、直辖市）开展的企业新型学徒制试点中，共有 158 家企业参与试点，培养新型学徒制企业职工近 2 万人，其中转岗职工 3 670人以上，涉及机械、化工、电气、汽修、数控、焊接等近百个工种。

为贯彻落实《国务院关于加快发展现代职业教育的决定》（国发〔2014〕19 号）和《国务院关于近期支持东北振兴若干重大政策举措的意见》（国发〔2014〕28 号），为老工业基地振兴培养更多高素质劳动者和技能型人才，国家发展改革委、教育部、人力资源社会保障部、国家开发银行于 2015年 9 月联合印发了《老工业基地产业转型技术技能人才双元培育改革试点方案》，并于 2016 年 5 月确定辽宁省沈阳市、盘锦市、本溪市、鞍山市等 4 个市，吉林省长春市、吉林市和辽源市 3 个市，黑龙江省哈尔滨市、齐齐哈尔市、大庆市、佳木斯市、牡丹江市等 5 个市，内蒙古自治区通辽市、呼伦贝尔市、赤峰市等 3 个市，共计 15 个市为首批老工业基地产业转型技术技能人才双元培育改革试点城市。试点工作 2016 年启动，到 2018 年基本完成主要试点任务，通过试点突破双元培育的薄弱环节，探索双元培育职教模式服务地区产业转型的有效途径，建立健全有利于促进校企双元育人的体制机制，构建和完善职业教育产教融合制度体系。

2018 年 11 月，人力资源社会保障部、财政部、国务院国资委在北京召开全面推行企业新型学徒制工作电视电话会，并由山东、河南、重庆、徐工集团、首钢技师学院等在会上介绍了企业新型学徒制工作开展的经验。本次会议肯定了 2015 年以来企业新型学徒制试点取得的成效，尤其是在推动校企融合、缓解工学矛盾、促进技能人才待遇和生产效率提升等方面的贡献，为全面推行企业新型学徒制提供了实践和制度支撑。

（四）现代学徒制和企业新型学徒制全面推进阶段

1. 教育部现代学徒制全面推进阶段

2019 年 1 月，国务院印发《国家职业教育改革实施方案》（简称"职教 20 条"），要求借鉴德国"双元制"等模式，总结现代学徒制和企业新型学徒制试点经验，校企共同研究制定人才培养方案，及时将新技术、新工艺、新规范纳入教学标准和教学内容，强化学生实习、实训。2019 年 2 月，教育部发布《教育部 2019 年工作要点》，提出深化职业教育产教融合、校企合作；总结现代学徒制试点经验，全面推广现代学徒制。同年 4 月，时任国务院副总理孙春兰在全国深化职业教育改革电视电话会议上强调，要推广现代学徒制、企业新型学徒制等做法，普及项目教学、情景教学、模块化教学等方式，探索学生三天在企业、两天在学校的"3+2"人才培养模式。

为深入贯彻全国教育大会精神，落实《国家职业教育改革实施方案》，按照《教育部 2019 年工作要点》部署，教育部办公厅于 2019 年 5 月发布《关于全面推进现代学徒制工作的通知》（教职成厅函〔2019〕12 号），要求深化产教融合、校企合作，健全德技并修、工学结合的育人机制和多方参与的质量评价机制；总结现代学徒制试点成功经验和典型案例，在国家重大战略和区域支柱产业等相关专业方面，全面推广政府引导、行业参与、社会支持、企业和职业学校"双主体"育人的中国特色现代学徒制；并对全面推广现代学徒制作出了重要部署，包括引导行业、企业和学校积极开展招生招工一体化、标准体系建设、双导师团队建设、教学资源建设、培养模式改革、管理机制建设等工作。

2019 年 9 月，教育部办公厅等七部门发布了《关于教育支持社会服务产业发展　提高紧缺人才培养培训质量的意见》（教职成厅〔2019〕3 号）；2019 年 10 月，《教育部办公厅等十四个部门关于印发〈职业院校全面开展职业培训　促进就业创业行动计划〉的通知》（教职成厅〔2019〕5 号）发布，都对开展现代学徒制提出了要求。2020 年 9 月，教育部等九部门印发《职业教育提质培优行动计划（2020—2023 年）》，提出深化校企合作协同育人模式改革，全面推行现代学徒制和企业新型学徒制。2021 年 1 月，教育部办公厅印发《本科层次职业教育专业设置管理办法（试行）》，本科层次职业教育专业需与相关领域产教融合型企业等优质企业建立稳定合作关系，积极探索现代学徒制等培养模式，促进学历证书与职业技能等级证书互通衔接。2021 年 4 月，教育部印发《关于学习宣传贯彻习近平总书记重要指示和全国职业教育大会精神的通知》（教职成〔2021〕3 号），要求根据习近平总书记对职业教育工作作出的重要指示，坚定不移地深化职业教育改革，推广中国特色现代学徒制，面向先进制造业、现代服务业、战略性新兴产业探索高层次学徒制。

2. 企业新型学徒制全面推进阶段

2018 年 5 月，《国务院关于推行终身职业技能培训制度的意见》（国发〔2018〕11 号）发布，提出全面推行企业新型学徒制度，通过校企合作方式对企业新招用和转岗的技能岗位人员进行系统性的职业技能培训。为了落实《国务院关于推行终身职业技能培训制度的意见》的有关要求和全国教育大会的有关精神，人力资源社会保障部与财政部于 2018 年 10 月发布《关于全面推行企业新型学徒制的意见》，提出从 2018 年起到 2020 年底，形成政府激励推动、企业加大投入、培训机构积极参与、劳动者踊跃参加的职业技能培训新格局，力争培训 50 万名以上企业新型学徒，并且从 2021 年起力争每年培训企业新型学徒 50 万人左右。根据 2015 年以来企业新型学徒制试点的情况，对学徒的资格、财政补贴政策等内容进行了修订；建立了企业新型学徒培训质量评估监管机制，对学徒培训实施目录清单管理；加强对企业新型学徒制的宣传动员，强化典型示范、突出导向作用，创新宣传方式来扩大企业新型学徒制的影响力和覆盖面。

2019 年 1 月，人力资源社会保障部与国务院扶贫办（2021 年 2 月改为

"国家乡村振兴局")印发的《关于深入推进技能脱贫千校行动的实施意见》（人社部发〔2019〕2号）中提出要广泛动员各类企业面向建档立卡贫困家庭劳动者招收企业新型学徒，实现先就业后入学；人力资源社会保障部印发《新生代农民工职业技能提升计划（2019—2022年）》，鼓励企业重点对新生代农民工开展企业新型学徒制培训。2019年7月，人力资源社会保障部发布的《关于做好技工院校招生工作的指导意见》（人社部发〔2019〕76号）提出，技工院校要把全面推行企业新型学徒制作为非全日制招生或职业培训招生的重点，鼓励企业与技工院校共同培养学徒。2019年9月，人力资源社会保障部与财政部印发《关于进一步精简证明材料和优化申办程序充分便利就业补贴政策享受的通知》（人社部发〔2019〕94号），提出精简企业新型学徒制补贴政策证明材料和优化申办程序，便利申报补贴的企业享受政策。2019年，人力资源社会保障部下发《关于在全系统深入学习贯彻落实习近平总书记对技能人才工作重要指示精神的通知》[①]，提出全面推行企业新型学徒制，有效增加技能人才培养供给；创新完善培训补贴政策，进一步简化补贴申领条件和程序。

2020年6月，人力资源社会保障部印发《关于做好2020年技工院校招生工作的通知》（人社部函〔2020〕52号），提出要大力实施职业技能提升行动，增加非全日制招生，大力开展劳动预备制培训、企业新型学徒制培训。2020年7月，人力资源社会保障部、财政部、共青团中央联合印发《百万青年技能培训行动方案》，提出实施青年学徒培养计划，组织企业新招用高校毕业生或在职青年职工等参加1年以上的企业新型学徒制培训，并且在2020年至2021年，对组织高校毕业生开展企业新型学徒制培训的企业，给予企业每人每年5 000元以上的职业培训补贴。2021年4月，人力资源社会保障部办公厅印发《关于深入推进职业技能提升行动 全面推广职业培训券有关工作的通知》（人社厅发〔2021〕21号），提出将企业职工培训、重点群体培训、企业新型学徒制培训等纳入职业培训试点，提升

---

① 中华人民共和国人力资源和社会保障部职业能力建设司. 人力资源社会保障部关于在全系统深入学习贯彻落实习近平总书记对技能人才工作重要指示精神的通知[R/OL].（2019-10-12）[2025-04-02]. https://www.mohrss.gov.cn/xxgk2020/fdzdgknr/qt/gztz/202011/t20201112_396234.html.

职业培训信息化水平和培训质量。2019 年至 2021 年，全国累计开展企业新型学徒制培训 140 多万人次。

三、中国特色学徒制阶段

从教育部提出现代学徒制试点、人力资源社会保障部提出企业新型学徒制试点，到广泛开展试点，各试点单位都积极推进该项工作，取得了一定的成效，在校企一体化、招生招工一体化等方面积累了有益的经验，人才培养质量得到明显提升。但在试点和全国推进过程中，仍然存在一些问题。2020 年 11 月，《中共中央关于制定国民经济和社会发展第十四个五年规划和 2035 年远景目标的建议》提出，要加大人力资本投入，增强职业技术教育适应性，深化职普融通、产教融合、校企合作，探索中国特色学徒制，大力培养技术技能人才。2021 年 4 月，时任国务院总理李克强作出重要批示，指出要探索中国特色学徒制，要注重对精益求精的工匠精神的培养，培养众多全面建设社会主义现代化国家的技术技能人才。作为培养技术技能人才的可行之道，从两部委开展的学徒制试点基础上发展而来的中国特色学徒制成为一大研究重点，此后政府的相关文件中都只提"中国特色学徒制"，不再提"现代学徒制"。

（一）教育部中国特色学徒制阶段

2022 年 2 月，时任教育部职业教育与成人教育司司长陈子季在新闻发布会上指出，教育部将围绕先进制造业、新一代信息技术、新能源、新材料等一些战略性新兴产业、新型基础设施建设及"双碳""一老一少"服务等人才紧缺领域，分领域、分区域调动一批产业链上、中、下游企业和职业院校深度合作，深入探索中国特色学徒制，为现代产业体系建设输送高素质产业工匠。2022 年 3 月，教育部职业教育与成人教育司印发《职业教育与继续教育 2022 年工作要点》，正式提出在先进制造业等人才紧缺领域探索中国特色学徒制教育，以培养面向数字化、网络化、智能化职业场景的现场工程师。

2022 年 4 月，《中华人民共和国职业教育法》修订案出台，首次从法律层面提出推行中国特色学徒制，以法律的形式保障了中国特色学徒制的深化发展。修订后的《中华人民共和国职业教育法》明确提出要引导企业按照一定比例设立学徒岗位，鼓励和支持有技术技能人才培养能力的企业特别是产教融合型企业与职业学校、职业培训机构开展合作，对新招用职工、在岗职工和转岗职工进行学徒培训，或者与职业学校联合招收学生，以工学结合的方式进行学徒培养，并按照规定享受补贴。2022 年 9 月，教育部办公厅等五部门印发《关于实施职业教育现场工程师专项培养计划的通知》（教职成厅〔2022〕2 号），提出以中国特色学徒制为主要培养形式，培养一大批具备工匠精神并精操作、懂工艺、会管理、善协作、能创新的现场工程师。2022 年 12 月，为深入学习贯彻习近平总书记关于职业教育工作的重要指示，落实新修订的职业教育法，教育部办公厅下发《关于成立教育部职业院校中国特色学徒制教学指导委员会（2022—2025 年）的通知》（教职成厅函〔2022〕25 号），在教育部职业院校教学（教育）指导委员会中增设"中国特色学徒制教学指导委员会"，秘书处设在扬州工业职业技术学院，对职业院校开展中国特色学徒制人才培养进行研究、咨询、指导和服务。

2023 年 6 月，国家发展改革委等部门印发《职业教育产教融合赋能提升行动实施方案（2023—2025 年）》，提出要拓展产教融合培养内容，引导企业深度参与职业院校专业规划、教材开发、教学设计、课程设置、实习实训，实行校企联合招生，开展委托培养、订单培养和学徒制培养，促进企业需求融入人才培养各环节；支持企业接收学生实习实训，引导企业按岗位总量的一定比例设立学徒岗位。2023 年 7 月，教育部印发《关于支持建设国家轨道交通装备行业产教融合共同体的通知》（教职成函〔2023〕8 号），再次重申支持行业产教融合共同体内职业院校、生产企业联合实施中国特色学徒制，校企联合培养现场工程师；要求产教融合共同体内的企业及其子公司要联合院校对新招用职工、在岗职工、转岗职工以及实习学生开展中国特色学徒制培养培训，建立学徒档案。2023 年 7 月，《教育部办公厅关于加快推进现代职业教育体系建设改革重点任务的通知》（教职成厅函〔2023〕20 号）发布，提出市域产教联合体要建设一批产教融合实训基地，广泛开展中国特色学徒制培养，引导联合体内企业广泛接收职业院校学生开展实习实训，支持学校服务企业技术创新、工艺改进、产品升级，促进教育链、人才链与产业链、创新链紧密结合。2024 年 10 月，《教育部办公厅关于加强市域产教联合体建设的通知》（教职成厅函〔2024〕20号）印发，再次对市域产教联合体推动职业学校专业、课程、教材、师资、实习实训五大关键要素改革作出要求，强调要深入推进校企协同育人，联合招生、联合培养，广泛开展委托培养、订单培养和学徒制培养，提高高技能人才供给能力。2024年11月，教育部职业院校中国特色学徒制教学指导委员会宣布成立理论与政策研究委员会、标准与质量委员会、现代农业委员会、先进制造业委员会、交通新基建委员会、现代服务业委员会、宣传推广与国际交流委员会等七个专门委员会，为中国特色学徒制的持续发展奠定理论与实践基础。

（二）人力资源社会保障部中国特色企业新型学徒制阶段

2021年2月，人力资源社会保障部发布《关于2021年组织开展职业技能提升行动质量年活动的通知》（人社部函〔2021〕16号），大力开展中国特色的企业新型学徒制培训，扩大培训对象范围。

2021年6月，《人力资源社会保障部 财政部 国务院国资委 中华全国总工会 全国工商联关于印发〈关于全面推行中国特色企业新型学徒制 加强技能人才培养的指导意见〉的通知》（人社部发〔2021〕39号）提出，按照坚持需求导向、坚持终身培训、坚持校企政联动、坚持以用为本的基本原则全面推行中国特色企业新型学徒制，加强新时代技能人才培养。2021年6月30日，人力资源社会保障部印发《"技能中国行动"实施方案》，要求推行中国特色企业新型学徒制，全面推行以"招工即招生、入企即入校、企校双师联合培养"为主要内容的中国特色企业新型学徒制，通过校企合作、工学交替等方式，组织企业技能岗位新招用和转岗人员参加学徒制培训；支持企业将职业技能等级认定与新型学徒制结合，建立与薪酬、岗位晋升相互衔接的职业技能等级制度。

2022年10月，为深入贯彻党的二十大精神，落实中共中央办公厅、国务院办公厅印发的《关于加强新时代高技能人才队伍建设的意见》[①]要求，探

---

① 中共中央办公厅、国务院办公厅. 中共中央办公厅 国务院办公厅印发《关于加强新时代高技能人才队伍建设的意见》[R/OL].（2019-10-12）[2025-04-02]. https://www.gov.cn/gongbao/content/2022/content_5719981.htm.

索中国特色学徒制，在总结前期工作的基础上，人力资源社会保障部办公厅制定了《加强和改进新时代中国特色企业新型学徒制工作方案》，按照政府引导、企业为主、培训院校（包括技工院校、职业院校、职业培训机构和企业培训中心等）参加的原则，通过企校双制、工学一体等方式，组织开展高质量学徒培训，并提出到"十四五"期末，基本实现学徒培养规范化、标准化，培育一批优质学徒培养单位和师徒，开发遴选一批优质学徒培训课程和教材数字资源等，促进学徒培训规模的扩大和质量的有效提升。

2023 年 12 月，人力资源社会保障部办公厅印发《关于加强农民工职业技能培训工作的意见》（人社厅发〔2023〕55 号），支持各类企业对新录用农民工和在岗转岗农民工广泛开展岗前培训、岗位技能提升培训、企业新型学徒制培训和高技能人才培训。2024 年 1 月，人力资源社会保障部下发《关于进一步规范职业技能培训管理工作的通知》（人社部发〔2024〕5 号），提出要加强技能人才通用素质、中国特色企业新型学徒制、高技能人才研修等重点领域，以及对新产业、新技术、新职业、数字技能等新兴领域职业培训教材及教辅材料进行开发与更新，推进职业培训资源数字化建设。

第二节　中国特色学徒制的内涵与特征

一、中国特色学徒制的内涵

"中国特色学徒制"一词首次出现在 2020 年 11 月发布的《中共中央关于制定国民经济和社会发展第十四个五年规划和 2035 年远景目标的建议》中。在 2022 年 4 月修订的《中华人民共和国职业教育法》中，中国特色学徒制以法律的形式确立。之后，众多专家学者对中国特色学徒制的内涵展开了广泛的研究。总体而言，专家学者们主要是从两个方面来界定中国特色学徒制：第一种观点是从宏观的角度出发，将中国特色学徒制当作是一项技术技能人才培养的制度，甚至将中国特色学徒制视为职业教育制度与劳动制度相结合而形成的一种职业资格制度；第二种观点则是将中国特色学徒制当作是一种技术技能人才培养的模式，由学校教师和企业师傅对学徒展开"双主体"培养，包含从学徒制培养目的、培养方式到学徒培养质量评价体系的完整框架。根据国家发展改革委对《中华人民共和国国民经济和社会发展第十四个五年规划和 2035 年远景目标纲要》中的名词解释，中国特色学徒制是指助力劳动者尤其是青年从在校学习过渡到就业、岗位成才的人才培养模式，主要针对与企业签订一年以上劳动合同的技能岗位新招用和转岗等人员，由企业与技工院校、职业院校、职业培训机构、企业培训中心等教育培训机构采取企校双师带徒、工学交替培养等模式共同培养学徒。

中国特色学徒制究其本质还是学徒制，具有与其他国家的学徒制的共性，是一种校企"双主体"联合培养技术技能人才的制度或方式。但由于中国的社会制度、政治法律因素、经济发展阶段、社会文化和价值观念、技术发展水平等要素与其他国家存在较大的差异，所以中国的学徒制必然不能直接照搬其他国家的模式。因而，学徒制在中国的实施又有着区别于其他国家的个性特征，是在符合学徒制本质属性的前提下，依据中国国情不断进行本土化而采取的不同的实现形式，是在我国现代学徒制和企业新型学徒制试点的基础上不断进行优化和完善，呈现出与其他国家不同的内容，包含着学徒制为适应中国国情和时代特点而呈现出来的中国特色。因此，中国特色学徒制是学徒制在中国背景下的具体实现形式，既具有学徒制的本质属性，同时又展现出中国特色学徒制的本土化特征，是学徒制本质属性与当前中国国情相结合的结果，是学徒制在我国发展的当代形态，体现着学徒制共性与个性的统一。

中国特色学徒制作为中国特色社会主义制度下的职业教育人才培养制度，在制度的顶层设计、治理格局等方面无不彰显着中国特色。中国特色学徒制是政府引导、行业参与、社会支持、企业和职业学校"双主体"育人的学徒培养制度，因此政府在学徒制这项制度中居于中心位置，学校、企业、行业协会等利益相关方在政府的统筹规划和管理下，通力合作、紧紧围绕政府这个"核心"在学徒培养的方方面面发挥着各自的作用。不仅如此，政府还积极出台相关的制度文件和法律法规，为学徒制的实施创造良好的社会环境，号召社会各界，尤其是国有大型企业等公有制经济主体，为学徒制的发展贡献力量，并为学徒制的实施提供必要的资金支持和各项优惠政策，确保学徒制的贯彻落实，彰显着中国特色学徒制的制度优越性。

二、中国特色学徒制的特征

根据中国特色学徒制的内涵可看出，其具有以下特征。

（一）中国特色学徒制是政府主导的学徒制

从新中国成立后的学徒制到现代学徒制，再到中国特色学徒制，学徒制工作的开展都是由政府主导的。1950 年，中央人民政府的下辖部门——政务院发布的《关于开展职工业余教育的指示》，成为新中国成立后第一份有关学徒制的文件。之后，国务院颁布《关于国营、公私合营、合作社营、个体经营的企业和事业单位的学徒学习期限和生活补贴的暂行规定》，首次对学徒培训进行了较为全面的规定。为了贯彻落实《国务院关于大力发展职业教育的决定》（国发〔2005〕35 号）的精神，教育部、人力资源社会保障部分别于 2014 年 8 月和 2015 年 7 月开展了现代学徒制试点工作以及企业新型学徒制试点工作。根据 2021 年 3 月发布的《中华人民共和国国民经济和社会发展第十四个五年规划和 2035 年远景目标纲要》的要求，教育部、人力资源社会保障部开始探索中国特色学徒制和中国特色企业新型学徒制。由此可见，中央人民政府及相关部门是中国特色学徒制顶层设计的主体，统筹规划学徒制各项工作的开展，在学徒制实施中占据主导地位，是调动学徒制利益相关方积极性的主导力量，也是学徒制得以实施的重要保障。在国家层面出台了一系列的文件引导全国学徒制工作开展的基础上，各级政府也纷纷出台了相应的制度文件统筹地方学徒制工作的开展，对学徒制进行规范和管理，畅通学校与企业沟通的渠道，并为学徒制的开展提供资金和政策支持。

（二）中国特色学徒制的出发点是培养技能人才

中国特色学徒制是政府主导的学徒制，这就决定了其最终目的是服务于政府的方针政策，为中国式现代化培养技术技能人才。在庆祝中国共产党成立 100 周年大会上，习近平总书记强调，我们坚持和发展中国特色社会主义，创造了中国式现代化新道路。之后，在出席中国共产党与世界政党领导人峰会时，习近平总书记再次提到中国式现代化。中国式现代化既有各国现代化的共同特征，更有基于自己国情的中国特色，是人口规模巨大的现代化，是全体人民共同富裕的现代化，是物质文明和精神文明相协调的现代化，是人与自然和谐共生的现代化，是走和平发展道路的现代化。因此，中国式现代化的实现有赖于大批技术技能人才的培养。从新中国成立后我国学徒制的开展情况可以看出，学徒制旨在深化产教融合、校企合作，进一步完善校企合作育人机制，创新技术技能人才培养模式。因此，在学徒制人才培养中，对学徒技术技能的培养居于首要位置。不仅如此，中国特色学徒制还将建档立卡的贫困家庭劳动者以及新生代农民工、转岗职工、老工业基地员工纳入学徒制培养范围，有效地增加了技能人才培养供给。因此，为中国式现代化提供技术技能人才支撑是中国特色学徒制的根本目的，而中国式现代化则为中国特色学徒制的开展指明了方向。

（三）中国特色学徒制中的学徒具有学生和员工双重身份

中国的学徒制发展经历了半工（农）半读、工学结合，再到现代学徒制和企业新型学徒制等形式，但无论在哪一种形式的学徒制中，学徒都拥有双重的身份。在教育部开展的中国特色学徒制中，一般采取三种招生形式：先招工后招生、招生招工同步、先招生后招工，其中以先招生后招工为主。因此，学徒同时扮演着"学校的学生"和"企业的员工"两个角色。学徒首先是学校的学生，拥有正式的学籍，需要在学校老师的指导下完成理论知识、基本职业知识与技能的学习；同时，学徒还需要与学校、企业签订学徒制三方合同，在企业导师的指导下，在特定的工作岗位上完成相应的岗位工作，享受企业正式员工的待遇与福利，并接受企业的管理和约束。在人力资源社会保障部开展的中国特色企业新型学徒制中，学徒招生始终采取的是先招工后招生的方式，其培育对象为与企业签订一年及以上劳动合同的技能岗位新招用人员和新转岗人员，因而学徒的首要身份是企业的员工，参与企业的日常工作，接受企业的管理和考核，并享受相应的岗位工资和福利。同时，企业需要与学徒签订学徒培养合同，与培训机构（职业院校或技工学校等）签订合作协议；学徒作为培训机构（职业院校或技工学校等）的在校学生，需要完成非全日制学籍注册，服从学分制管理，接受职业教育培训，在学校老师指导下学习理论知识和专业技能，并在学徒期满、完成规定的学习任务后取得相应的学历证书。

（四）中国特色学徒制是校企协同育人的学徒制

中国特色学徒制采取的是校企双导师制的培养方式，学徒在校学习期间由学校老师指导，在企业实习和工作期间则由企业师傅指导，实现知识与技能的双重传授。在教育部主导的中国特色学徒制中，职业院校与合作企业根据技术技能人才成长规律和企业工作岗位的实际需要，共同制定学徒培养方案、开发学徒制课程和教材、设计与实施学徒培养、加强对学徒的管理、完成学徒的考核评价。其中，职业院校负责对学徒进行系统的专业知识教育和技能训练；企业通过师傅带徒弟的形式，依据学徒培养方案对学徒进行岗位技能训练。尽管教育部主导的中国特色学徒制采取的是双导师制的培养方式，但职业院校作为学徒制的育人主体，对学徒培养负主要责任，要指导合作企业制定学徒管理办法，并保证学徒的基本权益。在人力资源社会保障部主导的中国特色企业新型学徒制中，则按照企业为主、培训机构（职业院校或技工学校等）参与的原则，由企业结合自身的岗位需求来确定学徒培养的目标、内容、期限、考核办法等；学徒在企业的培养主要采取师带徒的方式，而在培训机构（职业院校或技工学校等）的培养则主要采取工学一体化的教学方式，实现学徒工作与学习的交替进行。

（五）中国特色学徒制的实施拥有完善的制度和法律保障

中国特色学徒制是我国技术技能人才培养的一项重要制度，已上升到国家层面，肩负着中国特色高素质技术技能人才培育的重大历史使命，并被写入《中华人民共和国国民经济和社会发展第十四个五年规划和 2035 年远景目标纲要》（以下简称“《纲要》”），《纲要》明确提出要探索中国特色学徒制。围绕这个任务目标，中共中央办公厅、国务院办公厅、国家发展改革委、教育部、人力资源社会保障部都先后出台了《关于加强新时代高技能人才队伍建设的意见》、《职业教育产教融合赋能提升行动实施方案（2023—2025 年）》、《教育部办公厅关于加快推进现代职业教育体系建设改革重点任务的通知》（教职成厅函〔2023〕20 号）、《关于全面推行中国特色企业新型学徒制 加强技能人才培养的指导意见》等文件，为中国特色学徒制的开展提供制度保障。1996 年通过的《中华人民共和国职业教育法》就正式提出了产教结合，要求职业学校、职业培训机构实施职业教育应当实行产教结合，可以举办与职业教育有关的企业或者设立实习场所。2022 年 4 月修订的《中华人民共和国职业教育法》更是将中国特色学徒制上升至国家法律层面，提出"国家推行中国特色学徒制"，明确校企联合培养是中国特色学徒制人才培养的主要模式，引导企业按照岗位总量的一定比例设立学徒岗位，并对开展学徒培训的企业按规定给予补贴，为中国特色学徒制发展奠定了坚实的基础。

（六）中国特色学徒制与普通教育相互融通

教育部开展的中国特色学徒制一般采取的是先招生后招工的方式，因此学徒拥有与全日制大专生完全相同的学籍，均能在中国学信网上查询到学籍；学徒在企业参加岗位训练的时间等同于完成相应专业对应的专业课程，能进行学分置换；学徒完成学徒培训、取得职业学校毕业要求的学分后能获得与全日制学生完全相同的大专毕业证书，其学历含金量和待遇与普通统招专科生完全一样；能同等地参加专升本考试以及研究生入学考试，进一步提升自己的学历。人力资源社会保障部开展的中国特色企业新型学徒制采取的是先招工后招生的方式，学徒需要完成非全日制学籍注册；在学徒期满、取得相应的学分后能获得成人专科学历证书；尽管学徒不能参与专升本考试，但能通过自考专升本、成人高考专升本、远程教育和开放大学等非全日制的方式进行专升本学历提升；学徒无论通过何种形式获得的本科学历，都可以参加研究生入学考试，选择报考全日制或非全日制研究生。学徒制与普通教育的相互融通为学徒提高自身能力提供了可行的方式，也为学徒提供了学历提升的通道，对于提高学徒制的吸引力以及提高社会对学徒制的认可度起到了非常重要的作用。

第二章

中外学徒制对比研究

第一节 德国"双元制"

一、德国"双元制"的发展历史

（一）德国"双元制"的萌芽阶段

德国的"双元制"最早可追溯到 12—18 世纪的手工业行会学徒制。在 12—13 世纪，随着城市手工业的迅速发展，城市手工业逐渐取代农村手工业，德国的手工业行会制度逐渐形成，推行强制会籍制。德国的行会制度较之其他国家要更为牢固，直到 19 世纪初期，德国的工业生产基本上都被控制在各个行会手中。[①]当时手工业行会的从业者被分为学徒—工匠—师傅 3 个等级，师傅带学徒是培养手工业从业者最主要的方式。为了控制生产规模、降低行会内部竞争，行会规定每名师傅最多只能招收两名学徒，

---

① 刘淑兰. 主要资本主义国家近现代经济史[M]. 北京：中国人民大学出版社，1987：176.

并且最多只能配备两名工匠。学徒一般年龄在 12～18 岁之间；学徒期限则根据不同行业而有所差异，一般为 4 年；学徒与师傅之间必须签订书面合同；学徒在师傅的家中或手工作坊内通过观看师傅的示范并进行模仿，师傅一般不传授系统性的理论知识。学徒期满后，需要通过考试升级为工匠。工匠在经过若干年的工匠期后可以参加师傅资格考试，并制作出规定的手工作品后获得师傅称号，从而具备独立开业的资格。

18 世纪后，德国的手工业行会对学徒制的控制已经非常弱，为了挽救逐渐衰败的手工业行会学徒制，当时的德国政府颁布了学徒制相关法令，对学徒资格、师傅资格、学徒年限、学徒出师条件等进行规范。进入 19 世纪后，随着工业革命在德国的展开，机器大生产开始逐渐取代手工作坊生产，经营者必须强行加入某个手工行会的行会制度越来越不能适应生产力的发展要求，行会制度成为阻碍生产发展的制约因素。因此，1810 年，德国颁布《营业税法》，废除了行会制度的强制入会制度，任何个人只要按照法律规定缴纳相应的税款，都可以自由地从事某个行业的生产经营活动，而不需要加入任何一个行会。1869 年，《北德意志联邦工商条例》颁布，确立了经营自由的原则，废除了强制性的职业资格证书、书面的学徒制合同以及招收的学徒数量和学徒年限等相关规定，传统的手工业行会学徒制逐渐退出历史舞台。

19 世纪末，德国爆发了三次较为严重的经济危机。经济危机带来的经济衰退使得政府出台了一系列的法案来保护小零售商和小作坊主，使他们不至于破产。19 世纪 80—90 年代，德国政府先后 5 次修订了《工商管理条例》；1897 年，德国颁布了《手工业者保护法》，建立新的手工业行业协会代表和保护手工业者的利益。手工业行业协会的主要职责之一就是对学徒制实行严格的规范管理，并监督学徒制规范的执行，这对于手工业学徒制的复苏起到了极大的促进作用。1907 年，德国出台的《工商管理条例》修正案对学徒制中师傅的资质提出了更高的要求，他们必须通过师傅考试才能获得师傅资质认证，进一步提高了手工业学徒制的社会地位。

与此同时，经济危机带来的社会问题则促进了学校教育的发展。经济萧条使得青年的犯罪率大幅度上升，许多青年还参与到大罢工运动中去，造成社会动荡。因此，德国政府决定通过进修学校来普及义务教育，将学校教育当成解决这一社会问题的重要方式。这些进修学校起源于 16—17 世纪由宗教界与实业界创办的教会星期日学校和手工业星期日学校。教会星期日学校主要开展普通知识教育，而手工业星期日学校则讲授计算、绘图、机械和普通技术等课程，从而弥补了手工作坊在普通知识教育和技能培训方面的不足。德国政府颁布的 1881 年和 1883 年的《工商管理条例》修正案明确规定，师傅必须送学徒到进修学校进行学习。1887 年，德国商工部还规定人口在 2 000 人以上的地区必须设立进修学校，18 岁以下的青少年都有进入进修学校学习的义务。1891 年颁布的《工商管理条例》修正案还明确公布了对 18 岁以下的青少年不上进修学校的处罚措施。1919 年颁布的《魏玛宪法》明确规定，普及义务教育原则上要包括至少 8 学年的国民学校教育和与之衔接的直到 18 周岁的进修学校教育。

（二）德国"双元制"的确立阶段

随着德国经济的快速发展，大工业生产开始超越手工业，成为德国最主要的劳动部门，导致传统的手工业学徒制的教学方式难以满足生产力发展的需要，因此许多企业开始探索适合自身的培训模式。早在德国工业化早期，许多企业就开始尝试在企业内创设训练工厂和企业内部学校，将企业的各项工作任务进行分解，并据此开发培训课程。1920 年，德国教育会议将承担学校教育职责的"进修学校"改名为"职业学校"，成为德国"双元制"职业学校的雏形。1925 年，德国成立了由德国技术教育委员会、德国工业联盟、德国雇主联盟、德国工商业行业协会联盟等组成的职业培训工作委员会，界定大量工作职业的结构。1937 年，德国颁布法令将各类"全日制专门化职业学校""专门化机构"等统称为"职业学校"，结束了各种机构名称混乱的局面。不仅如此，德国技术教育委员会还开发了企业内部的职业培训计划，制定了职业学校统一的教学计划，并开发针对每个职业的教学课程，于 1940 年制定了机械装配工和泥瓦匠的教学课程。1938 年，德国颁布《德意志义务教育法》，首次以立法的形式要求全国 18 岁以下的青年都必须在职业学校里接受教育，职业学校要在企业培训的基础上组织教学、为学生补充理论性知识，使得"双元制"这种培养方式在学校的教学环节有了法律依据。

1948 年，德国教育委员会在《对历史和现今的职业培训和职业学校教育的鉴定》中第一次正式使用"双元制"这一概念。1953 年，德国政府颁布了由经济部和教育文化部共同制定的《手工业条例》，行业协会、工会和教师三方代表共同参与。在《手工业条例》中，明确规定了职业培训的标准和具体要求，确保职业培训的内容与产业发展的需求相匹配，明确了学徒制中企业的职权，《手工业条例》成为德国现代职业教育体系的基础。1969 年，德国政府颁布《职业教育法》。在此之前，有关学徒制和职业教育的法律条文都是分散在各种经济法中的。德国《职业教育法》的出台使得"双元制"得到进一步的规范化和法治化，标志着德国"双元制"的正式确立——"双元制"作为一个完整的培训体系，从之前企业与学校独立发展的松散的、不统一的阶段，过渡到制度化的发展阶段。

（三）德国"双元制"的完善阶段

从 20 世纪 70 年代开始，德国不断对"双元制"进行修改和调整，去掉过时的职业，并增补新的职业，对内容相似的培训项目进行重组。为了满足无法单独承担全部培训任务的中小型企业对员工培训的需求，德国的行业协会成立了许多跨企业培训中心，并由政府提供资金支持，为这些中小型企业提供培训补充，跨企业培训中心成为企业和职业学校之外的第三个学习场所。1973 年，德国各州文化教育部长会议首次提出职业基础教育年（也经常被翻译为职业基础学年），并于 1978 年开始实施，采用学校式以及学校与企业协作式两种实施途径。实施学校式职业基础教育年的学校被称为职业基础教育学校，其实行全日制教学，接受州教育部的监督和管理，并可与初级职业培训的第一年等同。实施学校与企业协作式职业基础教育年的学校，则采用部分时间制教学，学生每周在学校里参与教学 2 天，其余时间则在企业接受培训。[①]从 1979 年开始，德国将"双元制"纳入正规教育系统，非全日制职业学校毕业的学生也可以获得中等教育第一阶段的毕业证书。随着社会的发展，企业对既懂理论又能熟练完成实践操作的高层次人才的需求日益旺盛，职业教育开始向高等专科院校扩展，以"双

---

① 谢东宝. 德国职业基础教育年及其评价[J]. 职教论坛，2009（19）：59-61.

元制"为特色的高等职业教育学校逐渐成为德国高等教育的重要组成部分。

二、德国"双元制"的实施

（一）德国"双元制"教育资格的获取

德国的"双元制"面向德国所有完成义务教育的年轻人。每年参与"双元制"培训的企业根据自身发展需要制定年度学徒培养计划，并在各州的就业服务机构登记注册，或者在网上发布学徒培训需求信息，向社会提供学徒培训岗位。愿意接受"双元制"教育的年轻人根据自己的兴趣爱好、特长、中学学习成绩等向企业或各州的就业服务机构提出申请。企业根据申请者的理解和表达能力、动手操作能力等对申请者进行初次测试，再由工商界的人事部门进行审查。通过审查的申请者首先需要在企业接受三个月的试培训。试培训合格的申请者按照规定与企业签订《学徒培训合同》，成为企业的学徒工。《学徒培训合同》明确规定了学徒培训的目标、性质、内容、期限，培训方式，培训场所、设施，学徒的权利和义务，企业的权利与责任，合同终止的条件等内容；并由企业或学徒工将合同上交至相关行业组织接受审查。各州文教部负责将通过审查的申请者安排到本地区相关的职业学校登记注册，使其成为职业学校的正式学生，以保证其接受职业学校的职业义务教育。

（二）德国"双元制"教育的实施过程

德国的"双元制"以企业的培训为主，职业学校的教育为辅。职业学校的教育以理论教学为主，主要讲授普通文化知识和专业理论知识；企业培训则以实践操作为主，结合企业生产中的实际问题开展操作技能培训。在"双元制"教育实施过程中，学校与企业双方密切配合，理论与实践相结合，在分工与合作中共同完成教育和培训任务。

（1）企业的培训。学徒制企业培训工作的实施按照联邦教科部和有关专业部共同颁布的《职业培训条例》的相关要求进行。该《职业培训条例》包括培训专业的名称、培训大纲和内容、培训期限、培训应达到的要求，以及考核办法等内容。各培训企业根据《职业培训条例》的要求，以及本企业的实际情况制定具体的培训计划并付诸实施，并可根据社会发展需求和企业需求，对培训大纲进行修改和补充。

企业培训包括企业内培训和跨企业培训中心培训两种方式。企业内培训一般采取在企业内专门设立的实训工场或者在企业内的课堂完成教学，通过系统性的技能训练使学徒获得必备的职业技能。在学徒具备一定的专业基础后，培训企业会为他们提供实习岗位，学徒在培训师傅的指导下独立完成规定的工作任务。学徒每周3～4天在企业里接受培训，并由培训师傅记录学徒每天的培训情况，直到培训结束；该培训记录将作为培训结束后学徒考试的参考依据。对于受师资、设施设备和场地限制而无法单独完成全部培训任务的中小型企业，其培训任务会被安排到跨企业培训中心去完成。跨企业培训中心由行业协会管理，并安排其培训任务。

企业培训师一般分为两种。一种是全职的企业培训师，这类培训师一般在大型企业的培训部门工作，拥有国家认可的从业资格，专门负责企业内部学徒的培训工作，对学徒进行专业知识和技能的学习指导；另一种是兼职的企业培训师。大多数中小型培训企业由于员工数量较少，很少成立专门的培训部门负责本企业的培训工作，而是聘请兼职的培训师来完成本企业的培训任务。

（2）职业学校的教育。根据各州文教部长联席会议的要求，职业学校为学徒提供每周不少于12小时的教学时间。因此，学徒一般每周会有1至2天的时间在职业学校学习与企业培训相关专业的内容，以加深其理论基础，并辅以一定的普通文化知识的学习。职业学校的学习分为基础学习和专业学习两个阶段。基础学习阶段主要是系统地学习普通文化知识和职业基础知识，以便为学徒今后的职业培训打下良好的基础。普通文化课程根据各州制定的课程计划组织实施教学工作，主要包括德语、数学、外语、宗教、体育等课程，约占总课程学时的1/3。专业课程的教学则根据各州文教部长联席会议制定的《框架教学计划》开展教学工作，学校也可根据具体情况对教学大纲进行一定的修改和补充。职业学校的教育以普通的课堂教学为主，还包括职业学校内设置的教学车间和实训室的实践教学，以弥补理论教学的不足。

职业学校的教师同样分为两类。一类是任课教师，主要负责职业学校学生的普通文化课程和相关职业理论课程的教学工作；另一类是实训教师，负责指导学生的实践操作。他们不仅需要具备扎实的理论知识，还需要具有一定的实际操作能力，能解答学生在培训过程中遇到的实际问题；不仅要传授给学生专业知识和技能，还包括对学生的职业引导，以帮助他们更好地适应未来工作的需要。

（三）德国"双元制"的管理

德国"双元制"的管理采取的是由联邦、州政府和地方各行业协会共同管理的三级管理制度。联邦教育研究部和相关的联邦其他部门，如联邦经济部、劳动部、内政部等，是"双元制"的一级主管部门。1970年，德国成立了联邦职业教育研究所，协助联邦教育研究部解决职业教育的根本性与全局性问题。德国各州文教部，以及由各州的雇主、雇员与州政府代表等组成的各州职业教育委员会是德国"双元制"的二级主管部门。各地区的各种行业协会是德国"双元制"的三级主管单位。

"双元制"中的企业培训部分由联邦政府直接管辖，各培训企业根据《职业培训条例》和本企业具体情况制定培训计划并付诸实施。"双元制"中的职业学校教育则由各州政府负责管理，由各州的文教部根据企业培训要求制定职业学校的教学大纲和教学内容。企业培训资格的认定、企业教师资格的考核和认定、"双元制"的考核与证书颁发、培训合同的注册与纠纷仲裁等工作则由联邦政府授权各地区的各种行业协会负责。"双元制"职业教育有统一的教学大纲，但没有统一指定的教材；组织实施教学的职业学校和企业根据大纲的要求由主讲教师具体安排教学内容。

（四）德国"双元制"的考试与认证

德国《职业教育法》规定："双元制"的考核、成绩认定及证书发放等工作由与培训机构无直接关系的行业协会负责，而各行业协会专门设有考试委员会，按照国家颁布的《职业培训条例》中的考试要求负责考试工作的具体实施。考试委员会的成员中雇主和工会代表的人数相同，且至少有一名来自职业学校的教师。"双元制"的考试分为中间考试和毕业考试两种，采取统一标准、统一命题、统一考核时间、统一阅卷和统一发证为核心的质量保证体系。

中间考试一般是在培训进行到 1 年或 1 年半时进行，主要考核学徒的基本技能和理论知识，考试时间一般不超过 10 小时，其主要目的是帮助学徒了解自己的学习情况与考核标准的差距，帮助培训企业和职业学校找出培训与教学中存在的问题，提高"双元制"的培养质量。学徒只有通过中期考试才有资格参加毕业考试。毕业考试在每年的 5 月和 12 月举行。学习好的学徒可选择在 5 月参加毕业考试，从而提前半年毕业。学徒毕业考试第一次没通过的可以参加补考，但补考仍不通过则必须另选专业重新学习。毕业考试中的理论考试主要采取笔试和口试的方式，考试时间一般为 5～6 小时，主要考核学徒与工作相关的职业知识、工作计划、功能分析，以及文化素养。毕业考试的实践考试则由协会认可的机构组织学生在企业里用一周左右的时间进行考核，包括口述企业中工作活动的要求和过程，以及考核学徒设计、绘图、制作成品和半成品的能力。毕业考试合格的学徒可获得相应的职业资格证书和学历证书。

三、德国"双元制"的特征

（一）受教育者的双重身份

选择"双元制"的受教育者具有双重身份，享有双重的权利与义务。一方面，"双元制"的受教育者需要与提供职业培训的企业签订《学徒培训合同》，享有在企业进行实践操作练习的权利，与企业的普通雇员享有相同的周末和法定节假日休息、休假，获得劳动保护与津贴的权利，在通过培训考试后获得职业资格证书、学历证书以及自谋职业的权利；以及履行按照《学徒培训合同》的要求完成企业实践学习任务，参加培训考试并获得保险，遵守企业规章制度的义务。另一方面，"双元制"的受教育者在成为企业学徒并通过各州文教部审查后，被安排到本地区相关的职业学校登记注册，成为职业学校的正式学生，享有在职业学校学习文化和专业知识，休息与休假，获得物质帮助，申诉起诉等权利；以及履行缴纳学费，完成学习任务，参加培训考试，遵守学校的规章制度等义务。

（二）两类培养主体

德国的"双元制"以企业的培训为主，职业学校的教育为辅。通常情况下，受教育者每周有3～4天在企业里接受实践操作培训，在培训师傅的指导下完成规定的工作任务，或者在跨企业培训中心完成相应的实践训练；受教育者有1～2天在职业学校里由学校的教师讲授普通文化知识和专业理论知识，并完成一些简单的实训操作。有时培训企业会与职业学校就职业学校内的教学安排和企业内的培训组织安排进行沟通，让学徒在职业学校集中学习一段时间，其余时间则在企业内完成培训工作，从而保证了企业培训工作的连续性。通过职业学校与培训企业双方的密切配合，理论教学与实践训练相结合，在分工与合作中共同完成"双元制"的教育和培训任务。

（三）两个主管部门

德国"双元制"中的企业培训部分由联邦教育研究部、联邦经济部、联邦劳动部等联邦政府部门直接管辖，各培训企业根据联邦政府颁布的《职业培训条例》（也叫《培训章程》）以及大纲对学徒进行实践技能的培训。"双元制"中的职业学校教育则由各州政府负责管理，以各州文教部部长会议制定的《理论教学大纲》作为指导性文件，由各州的文教部、职业教育委员会等根据企业培训要求制定职业学校的教学大纲、教学内容、教学时间安排计划等。职业学校根据州文教部的教学计划与大纲等对学生进行普通文化知识和专业理论知识的教育。

（四）两种经费来源

德国"双元制"中企业培训部分，除去跨企业培训中心培训费用由公共财政拨款外，其余的企业内培训费用基本上完全由培训企业承担。近些年来，培训企业在一定的特殊情况下也可以获得少量政府提供的补贴。培训企业承担的费用不仅包括培训场所的建设投入，培训设施设备和相关器材的采购费，教学资料购买和印刷费，还包括支付给培训教师的工资，以及支付给学徒的津贴。培训企业可以将培训经费纳入企业成本或者在盈利时减免企业所得税。公立职业学校的经费只有少部分来自学费，主要来自各州和市政府的拨款。一般而言，公立职业学校教职工的培训费用、工资和养老金等校内费用由州政府承担，而校舍建设与维护、教学材料采购以及行政管理人员的工资等由市政府承担。私立职业学校的经费除来自政府的公共经费外，还可分别从相关联的私立机构（如教会、大型企业）和学生家长中收取。

（五）统一的考试与认证

德国的"双元制"采取培训与考核相分离的方式。德国的"双元制"由各行业协会专门成立的考试委员会按照《职业培训条例》中的要求组织与实施，而不是根据哪一个培训机构的培训内容，从而确保了考试的客观、公正与权威性。同一职业或不同职业的相同科目的考试必须同时举行，一般在每年的5月和12月，并按照统一的标准进行评分。通过毕业考试的学徒可同时获得相应的职业资格证书和学历证书。这些职业资格证书和学历证书不仅在德国得到全行业的认可，甚至还得到欧共体（即欧洲经济共同体，成立于20世纪50年代，2009年12月生效的《里斯本条约》废止了"欧洲经济共同体"，其地位和职权由欧盟承接）内其他国家的认可。

（六）完备的法律和制度保障

德国的"双元制"是由严格的法律法规体系来保证的。从宏观层面来看，德国于1969年颁布的《职业教育法》将学徒制整合到教育系统中，并对培训企业的行为进行约束。此后，德国又出台了《培训员资格条例》《实训教师资格条例》《职业教育促进法》《职业教育改革法》，以及新的《职业教育法》和各州制定的《学校法》《学校义务教育法》等，从而使"双元制"做到了有法可依、依法治教、违法必究，以法律形式完善了职业教育的管理和运行机制。从中观层面来看，联邦教科部和有关专业部门共同颁布的《职业培训条例》，以及各州文教部长联席会议制定的《框架教学计划》，使得企业的培训与职业学校的教育有章可循，不仅能保证"双元制"人才培养的质量和人才的流动性，还有助于协调企业的培训和职业学校的教育。

从微观层面来看，企业培训的实施监督由联邦政府授权的各地区的行业协会负责，而对职业学校教育的实施监督则由各州的文教部负责。

（七）职业教育与学历教育互通

在德国，以"双元制"为特色的职业教育与普通的学历教育是相互交叉和互通的，在职业教育和普通教育之间随时分流是德国教育的一个显著特点。在基础教育结束后的每一个学习阶段，普通教育学校的学生可转入职业学校进行学习。他们良好的普通文化基础和学习能力使他们在职业教育中能有更加优秀的表现，能够降低企业培训的成本，提升企业对"双元制"教育的参与意愿。同样，职业教育学校的优秀学生也可转入普通教育学校继续学习，接受"双元制"教育的学生在经过一定的文化课补习后也可以进入高等院校学习。近年来随着就业竞争日益激烈，许多普通高等学校的毕业生也开始接受"双元制"教育，从而获得一定的职业经历和经验，提高就业竞争力。这种互通式教育形式不仅为学生接受职业教育提供了便利，也提高了社会对"双元制"的认可度。

第二节　英国现代学徒制

一、英国现代学徒制的发展历程

（一）手工业行会学徒制阶段

英国的学徒制与德国相同，都是伴随着手工业行会的兴起而产生的，起源于 12 世纪初期。当时的英国人获得某一行业从业资格的途径主要有三种：第一种途径是"子承父业"，通过世袭的方式获得从业资格。第二种途径是赎买，即通过向市政当局缴纳一笔款项来获得从业资格。第三种途径就是接受学徒训练，即 21 岁以下的年轻男性向手工作坊主拜师学艺，通过一定年限的学习，经考核合格后获得从业资格。因此，对于家境贫困的英国年轻人来说，手工业行会学徒制的出现为他们打开了从事某个行业的大门。当时的学徒制不仅是手工业行会培训合格的从业者的最主要途径，还是手工业行会控制行业竞争的重要手段。与德国相同，英国手工业从业者也是分为学徒—工匠—师傅三个级别，每个师傅根据行业性质的不同能招收 1～3 名学徒，既保证了学徒培养的质量，也控制住了行业从业者的数量。

在学徒制开始之前，学徒的监护人要向师傅支付学费，与师傅签订学徒契约，明确师徒的权利和义务，并在行会完成登记注册。学徒的学习期限为 5～9 年，通常情况下为 7 年。在学徒制培养期间，学徒一般居住在师傅家里，与师傅共同生活，通过与师傅的共同工作来完成学艺；学徒需要尽心侍奉师傅，不仅在手工业操作方面，还包括家庭和其他方面，有的学徒还能获得少量的报酬。师傅不仅要传授技艺给学徒，还要如同父母教育子女一样对学徒进行道德和宗教方面的教育，并为学徒提供衣食住行等必要生活条件。为了确保学徒培养的质量，行会还会派遣专人对学徒的学习和生活进行监督。学徒完成学徒期的学习和生活后并不能直接升为工匠，还必须接受手工业行会的考核。只有通过考核的学徒才能晋级为工匠，否则就只能成为受雇者。学徒晋升为工匠后，有的学徒会选择继续留在师傅家里担任帮工，有的学徒则会选择去其他师傅的作坊工作；直到他完成了得到手工业行会认可的作品，并拥有足够的生产和生活资料后，行会才会同意其晋升为师傅。只有师傅才拥有独立从事某个行业工作的资格。

（二）国家立法和教区学徒制阶段

手工业行会学徒制对于英国手工业的发展起到了积极的促进作用。但随着社会经济的发展，手工行会制度成为阻碍英国经济发展的因素。英国 15 世纪至 19 世纪发生的圈地运动使得大量的农民失去土地，在一定程度上促进了手工工场的发展。工场手工业的发展严重地冲击着原有的手工业行会制度，导致行会制度开始瓦解。失去行会的约束后，越来越多的手工业师傅开始增加学徒数量以扩大生产、降低成本，却不教导学徒技艺，导致师徒纠纷不断。为了保护手工业者的利益，缓解师徒纠纷，英国于 1563 年颁布了《工匠学徒法》来维系与规范学徒制，将学徒制规范和管理的权力由行会转移到国家。《工匠学徒法》对学徒和师傅的资格、学徒培训时间、师傅带学徒的数量等做了明确的规定，违反规定将遭到起诉。

圈地运动还导致大量农民涌入城市，许多人沦落为流浪者，偷盗和其他各种犯罪行为大量增加，社会经济问题日益严重。因此，英国议会于1601年颁布了《济贫法》，赋予教区的监督员和教会的执事将区内的流浪儿童送去做学徒的权力，而教区内的手工作坊坊主无权拒绝接收被安排的学徒，从而将教育这些儿童的责任从教区转移到雇主和居民身上。同时《济贫法》还规定通过强制征税的方式为学徒制的开展提供经费支持。1802年，英国通过了《学徒健康与道德法》，对学徒的工作时间等进行规定，并要求学徒必须接受阅读、写作和算术等教育，每周日必须接受1小时的宗教教育并接受考核，费用均由学徒的师傅承担。1833年，英国又颁布了《1833年工厂法》，除了明确规定男女童工每天的劳动时间外，还规定男女童工每天应在劳动时间内拿出2小时接受义务教育，这为之后英国颁布《初等教育法》奠定了基础。

尽管《工匠学徒法》和《济贫法》的颁布对于学徒制的发展起到了一定的作用，但随着英国从工场手工业向工业化大生产转变，学徒制遇到了前所未有的危机。1814年《工匠学徒法》的废止宣告学徒制在此后相当长的时间内不再受国家法律保护；1853年颁布的《市政公司法》彻底取消了行会拥有的特权，生产经营活动不再受行会的控制，这进一步削弱了学徒制的影响力。但这并不意味着学徒制就不存在了，只是学徒制从受行会和政府约束的形态转变为其最初的自发形态。在相关法案废止后，学徒制依然是许多行业里年轻人学习技术的方式，但它仅仅是师傅与学徒以及学徒的监护人之间的自由合同或协议，没有对学徒人数、学徒期限等强制性的规定。英国学徒制的这种"自生自灭"的状态一直持续到20世纪60年代。

（三）现代学徒制萌芽阶段

英国于1962年发布的《产业培训白皮书》指出，长期缺乏熟练的劳动力已经成为阻碍第二次世界大战后英国经济发展的重要因素，因此英国必须"开展政府、产业部门和教育部门之间的合作，把职业技术教育与产业培训结合起来，加强和改善产业界、政府和地方教育当局在提供学徒培训方面的伙伴关系"。①在此背景下，1964 年，英国颁布了《产业培训法》。《产业培训法》的颁布对英国学徒制具有划时代的意义，标志着英国政府重新开始对学徒培训的直接干预。

为了更好地落实《产业培训法》的规定，英国授权劳工部部长在各个产业组建产业培训委员会。各委员会的主席由劳工部部长指定，委员则来自劳资双方，以及教育部部长指定的 1 名代表。1964—1968 年间，英国共建立了包括钢铁工业、建筑业、工程业、造船业等在内的 27 个产业培训委员会，覆盖大部分的制造业。这些委员会的任务包括制定与培训相关的政策；对培训的时长、培训标准与大纲、培训人员的构成等作出明确规定；提供与培训有关的建议与帮助，向开展培训的企业提供咨询服务；设计学徒和指导教师所要进行的考试，并为合格者颁发相关证书；为参加产业培训的人士提供相应的课程，并为其解决包括住宿在内的生活问题，并批准由其他个人或组织提供的课程；为参加课程培训的人员支付差旅费，向提供课程或设施的人提供助学金或贷款，并向提供与其培训有关的继续教育的人或组织支付费用。

为了确保产业培训良好、有序地开展，《产业培训法》授权产业培训委员会实施"征税和拨款计划"。一方面，产业培训委员会对产业界征收不高于 4%的培训附加费，具体的比例因产业的不同而有所差异（一般培训成本高的产业征收的培训附加费的比例也高），成为学徒制经费最主要的保障形式。另一方面，产业培训委员会筹集到的资金将以补助的形式将所征收的款项拨付给开展产业培训的企业：一是根据企业实际发生的培训费用进行全额或者按照固定比例退款给企业；二是根据企业培训人员的数量，按照固定的人均补助额度将补助款发放给开展培训的企业；三是根据企业提供的培训等级拨款，那些提供的培训等级高于培训委员会制定的行业标准的企业能获得高于其缴纳的培训附加费的培训补助。在产业培训委员会的大力推动下，接受培训的人数稳定增长，到1968年底，已经累计培训超过 1 500 万劳动者；接受产业培训委员会资助的企业必须严格按照培训指导意见、培训标准和大纲来开展培训，这改变了以往企业培训鱼龙混杂的局面，提

---

① 王承绪，徐辉.战后英国教育[M]. 南昌：江西教育出版社，1992：203.

升了培训的质量。

1964 年 5 月，英国成立中央培训理事会，负责为劳工部部长履行《产业培训法》的职责提供建议和咨询，并对产业培训委员会的工作进行监督。在 20 世纪 60 年代，中央培训理事会发布了《产业培训与继续教育》《产业培训与培训安全》《程序教学法在产业培训中的运用》《产业培训与继续教育的再探讨》《产业培训的路径——ITB（产业培训委员会）的任务》《培训师的选拔和培训》《相关产业基本岗位培训标准》等 7 个备忘录，以及《培训师的培训——入门课程》《商务与办公人员培训》《管理培训——一种新的管理办法》《培训师的培训——未来模式》《为技能而训——改革势在必行》等 5 份宣传手册，这些文件在指导和监督产业培训委员会的工作方面起到了一定的作用。但由于中央培训理事会只是一个顾问组织，公众评价并不乐观，因此在英国于 1973 年颁布《就业和培训法》后，中央培训理事会被解散。

根据《就业和培训法》，英国于 1974 年成立了人力资源服务委员会，帮助企业开展员工培训，并对产业培训委员会、就业和技能中心等机构进行指导、监督和管理。人力资源服务委员会由地方教育当局的代表、教育界代表、雇主和工会代表等组成，下设就业服务处和培训服务处，分别负责促进就业和培训工作的开展，并将原有的产业培训委员会进行调整，仅保留建筑业和工程业的产业培训委员会，并由其代表政府开展产业培训工作。为了解决 20 世纪 70 年代英国经济衰退导致的青年失业问题，人力资源服务委员会推行了《青年机会计划》《统一职业准备计划》《青年培训计划》等一系列的培训计划，为 18 岁以下的未就业的青年人提供职业培训和就业机会，开始了对现代学徒制的探索。

（四）现代学徒制蓬勃发展阶段

进入 20 世纪 80 年代，随着英国产业结构的调整，第一产业和第二产业的产值逐年下降，第三产业的产值迅速增长；原有的产业结构也发生了剧烈变化，传统产业日渐式微，新兴产业不断涌现，呈现从劳动密集型向技术密集型转变的趋势。传统产业由于市场规模萎缩，对学徒的需求不增反减；新的岗位要求员工除了掌握劳动技能外，还需要具备相应的理论知识，而这些无法通过传统的学徒训练获得，导致新兴行业对学徒制的需求同样非常低迷。产业转型升级带来的高失业率导致企业在招聘员工时有了更多的选择空间，也降低了企业对开展学徒培训的积极性。人力资源服务委员会推行的一系列培训计划未能很好地解决培训质量的问题，导致学徒的人数仍然不断减少。

为了重振学徒制，解决英国日益严重的技能短缺问题，英国政府从 20 世纪 90 年代初期开始酝酿新的学徒培训形式，为 16～24 岁的年轻人提供工作本位的职业培训，完成培训的学员通过考试即可获得国家职业资格证书 NVQ。1993 年 11 月，英国政府宣布实施"现代学徒制计划"，正式提出了"现代学徒制"的概念，以打破传统学徒制给人留下的低质量印象，并于 1994 年 5 月宣布启动加快现代学徒制开展的专项计划。1994 年 9 月，英国政府委托培训和企业理事会在农业和园艺、商务管理、化工等 14 个行业部门中，面向 16～17 岁的中学毕业生开展现代学徒制的试点。培训和企业理事会是由雇主主导的负责各个地方职业培训的团体，其董事会中 2/3 的成员必须在企业担任过公司高层管理者，其他董事则来自教育部门、工会等机构。1995 年，该计划被推广到 54 个行业，并面向 18～19 岁的青年实施高级现代学徒制。由于参与高级现代学徒制的人数较少，现代学徒制与高级现代学徒制于 1996 年合并后统称为现代学徒制，帮助学生获得 NVQ-3 级水平的资格证书。1997 年，英国将国家受训生制更名为基础现代学徒制，帮助 16～18 岁的年轻人取得 NVQ-2 级水平的资格证书。英国政府以现代学徒制计划为推手，通过颁布法律法规、设立组织机构、开展专项活动等形式对学徒制进行整合和改革，构建了新型的现代学徒制体系，成为提升中等劳动技能的重要手段。

到 1999 年，英国共有 83 个部门开展了现代学徒制计划。雇主和学徒对现代学徒制的满意度均超过了 90%。为了解决依托各个培训机构和企业理事会开展现代学徒制导致的学徒制培训混乱等问题，2000 年，英国颁布了《学习与技能法》，并于 2001 年成立非部委的公共机构——学习与技能理事会，取代各个培训和企业理事会来统筹现代学徒制工作，这标志着政府正式主导现代学徒制体系的构建，现代学徒制开始有了专门的组织管理机构，便于现代学徒制各项工作统一规范地开展。

2004 年，英国对学徒制作出重大调整：不再使用"现代"这个前缀，将"初级现代学徒制"改名为"学徒制",将"高级现代学徒制"改名为"高级学徒制";再次启动主要面向 14～16 岁青年的"青年学徒制"项目,参与的学生在 2 年的期限内平均每周 3 天在学校学习核心课程,2 天参加青年学徒制课程,并需要学习最少 1 门行业资格课程,积累 50 天的工作经验;向需要额外培训才能达到职业标准的人推出"准学徒制";通过产业培训委员会开展面向失业者,或者有技能但没有证书的在职人员的"成人学徒制"。2007 年,英国创新、大学与技能部发布《世界一流技能:在英国实施里奇的技能评论》白皮书,提出到 2020 年英国的学徒规模要达到 50 万人/年;于 2008 年开始实施"准学徒制";修订学徒制框架。同年,英国政府发布《世界一流学徒:释放潜力、构建技能》,决定成立国家学徒制服务中心,并由该中心代表政府统筹学徒制工作。

2009 年,英国议会通过了《学徒制、技能、儿童与学习法案》,改变了英国学徒资格证书、学徒制框架、学徒制标准等由各行业自行制定的做法;取消了学徒协议由师徒双方商定签署、行业协会见证的传统,对学徒制协议进行统一;解散学习与技能理事会,其工作转由地方教育当局负责,并成立青年学习署负责拨款与服务事宜;成立资格与考试规范办公室取代资格与课程局,对学徒制的课程、考评与资格确认进行管理;成立资格与课程开发署负责国家课程的开发与维护。《学徒制、技能、儿童与学习法案》的颁布弥补了英国自 1802 年的《学徒健康与道德法》后专门的学徒制法律的不足,也标志着英国的学徒制进入一个新的历史时期。

(五)现代学徒制调整完善阶段

在英国政府的主导下,学徒制的学习人数和完成人数都显著增加,学徒制对英国经济增长作出了较大的贡献。但随着学徒制改革的不断深入,政府主导的学徒制模式僵化、对雇主吸引力降低等问题日益凸显,进行新一轮的雇主主导的学徒制改革势在必行。2007 年至 2008 年间发生在美国的次贷危机波及英国,导致其经济跌入谷底,失业率不断飙升,政府财政赤字和国债激增。为了应对经济衰退,英国政府开始大幅度削减公共支出。主管学徒制经费拨款的商务、创新与技能部的财政预算从 2011 年的 167 亿英镑降低到 137 亿英镑,直接导致学徒制的政府拨款下降。在此情况下,继续保持学徒制的发展，并通过学徒制来应对远高于平均失业率的青年失业率问题，成为政府必须面对的问题。

受政府委托，并于 2012 年发布的《理查德学徒制报告》指出，在政府主导的学徒制阶段存在较为明显的追求学徒数量却忽视了学徒质量的现象。因此，政府需要重新定义学徒制，将单纯的在岗培训以及低级别培训等从学徒制中剥离出去；聚焦于通过制定学徒制行业资格标准和加强对学徒的考核来提升学徒培训成效；对数学和英语这两门影响学徒职业胜任力的课程水平作出统一规定，学徒必须获得 GCES-2 级证书；给予学徒培训更大的创新空间，吸引更多的机构参与学徒制培训；赋予雇主自主决定使用政府的财政拨款开展他们认可的学徒培训的权利；加大对学徒制的推广力度，提高社会对学徒制的认可度，协助雇主完成学徒招募等。基于此，英国政府于 2013 年发布《英格兰学徒制的未来——执行计划》，授权盖茨比基金会开展"开拓者"项目，搭建雇主主导的学徒制改革平台；于 2015 年在数字、汽车工程等 13 个行业推出学位学徒制，打通学徒制和高等教育之间的通道，并向上扩展学徒制的等级。

2015 年 12 月，英国发布《英国学徒制：2020 年发展愿景》，从提高学徒制的质量和社会认可度，形成学徒制的长效机制，改革学徒制经费保障制度等方面制定了未来 5 年英国学徒制的发展规划。2016 年，英国颁布《企业法》，成立由雇主主导的学徒制协会，负责监管学徒制的实施效果评价工作。2017 年，英国政府发布了一份关于学徒制改革的监测报告——《学徒制改革计划：效益实现》。

二、英国现代学徒制的实施

（一）英国现代学徒制的组织与管理机构

英国现阶段的学徒制虽然是由雇主主导的，但政府只是退居幕后，整个学徒制的治理体系仍然是由政府搭建的，形成了包括政府主管部门、拨款资助单位、资格认定和证书颁发机构、行业协会、监督部门、雇主联盟、培训机构和高校等在内的现代学徒制治理体系。

早期，主要由商业、创新与技能部代表英国政府全面负责成人学徒制项目的开展。在商业、创新与技能部于 2016 年并入能源与产业战略部后，教育部开始成为学徒制的最高管理单位，统筹学徒制的全面开展，并负责制定学徒制相关政策。教育和技能拨款署则取代技能拨款署，一方面对培训企业、培训机构和评估组织进行认证，确保其资质；另一方面与培训企业和培训机构签订培训协议，并向其支付培训费用。2017 年成立的学徒制协会则根据政府制定的标准，指导雇主制定学徒制标准和考核方案，并由学徒制协会对雇主制定的学徒制标准和考核方案进行审批，对学徒制资金分配提出建议并定期对学徒制开展评估，确保学徒制培养的质量。资格和考试管理办公室则负责管理英国的资格、考试和评估，所有资格认证监管框架下的学徒制都受其监管。教育、儿童服务和技能标准局负责 2～5 级的学徒制的监督与考核；而英格兰高等教育拨款委员会负责监管 6～7 级的高等学徒制，并与教育、儿童服务和技能标准局一起监管 2～5 级的学徒制。高等教育质量保障局负责高等学徒制质量和标准的监督与建议。

（二）英国现代学徒制的经费机制

早期，成人学徒制的经费由商业、创新与技能部负责，教育部则负责青年学徒制的经费保障。为了确保学徒制经费保障渠道的畅通，后期学徒制经费保障全部划归教育部管理。为了刺激雇主招募培训成本较高的年轻学徒，英国政府自 2012 年起开始给雇主发放学徒制津贴，用于雇主招募 16～24 岁的学徒。为了确保边缘群体能公平地参与学徒制，对于之前接受过政府监护或被纳入地方政府的教育、健康和监护计划的 19～24 岁人群，政府将按照每人 1 000 英镑的额度向为他们提供学徒培训的雇主发放补贴；而对于员工人数不足 50 人的中小企业，政府将承担边缘人群全部的学徒制费用。为了更好地筹集学徒制经费，英国政府于 2017 年开始征收学徒税，税率为 0.5%，起征点为年工资发放总额超过 300 万英镑的部分。政府根据学徒制项目的等级、成本、学徒期限等指标来确定雇主最终获得哪个等级的学徒制经费补助，并且从 2020 年开始，即使没有缴纳学徒税的中小企业也有资格获得政府的学徒制经费补助。补助经费到账后 2 年内，雇主必须使用完毕，否则补助经费将被收回。

（三）英国现代学徒制的质量保障

1. 英国现代学徒制标准

在英国政府于 2009 年颁布的《学徒制、技能、儿童与学习法案》中就对学徒制框架的制定提出了统一的要求，并设立了学徒制框架在线这一机构专门负责学徒制框架制定工作。2011 年，《英国学徒制标准细则草案》经商务、创新与技能部批准后开始实施。《英国学徒制标准细则草案》从学徒工作时间、学徒制期限、学徒文化水平、学徒学习成果等方面详细制定了中等学徒制、高级学徒制和高等学徒制的标准。2013 年，学徒制框架在线委托产业技能和标准联合会发布《制定并实施高质量的中级和高级学徒制框架——框架制定者指南》，对学徒制框架的制定与实施进行指导，包括对具体的岗位和技能进行研究，监控与评估现有的学徒框架和资格制度是否符合行业或职业的需求，根据《英国学徒制标准细则草案》制定符合产业需求的学徒制框架。随着英国的学徒制由政府主导转变为由雇主主导，雇主成为学徒制新标准开发的主体。

《英国学徒制标准细则草案》自 2011 年发布第一版后，于 2018 年发布了第七版的《英国学徒制标准细则》，它由学徒制标准结构与学徒制标准内容两部分组成。其中，学徒制标准结构包括职业名称、职业描述、职业注册、学徒制等级和标准审核等内容；而学徒制标准的内容则包括学徒应具备的知识、技能、态度等。中级、高级和高等学徒制分开单独制定标准，并增加了对具有特殊学习需要者、学习困难者和残疾人的考核。按照《英国学徒制标准细则》的要求，行业的开拓者小组不仅需要据此制定学徒制标准，明确学徒出师时应达到什么水平，能够从事什么工作，还需要组织专家对学徒进行考核，确保学徒能够达到《英国学徒制标准细则》的要求。

2. 英国现代学徒制考试

在政府主导的学徒制阶段，雇主需要在学徒培训期间多次对其进行测试、评估、考核，但由于并没有真正合适的基准，评估效果不尽如人意。因此，在雇主主导的学徒制阶段，学徒的评估改为在学徒完成培训后，由相关评估部门对其进行一次性的、全方位的终点考核。终点考核没有统一的收费标准，而是根据考核方式、考核时长等来确定。任何学徒都需要接受终点考核，否则无法获得学徒资格证。因此，每个开拓者小组在制定学徒制标准的同时还需要制定配套的终点考核方案。终点考核方案需要包括考核的内容、考核方式，以及考核评估组织等。终点考核应确保学徒具备充分胜任该职业所需的知识、技能和行为；应包括测试、考试、专业的讨论、工作场所的观察、档案袋评估、指定任务、工作产出评估等考核方式中两种以上的考核方式；考核评估组织由没有参与学徒培训或管理工作的第三方进行，且需要登记在学徒资格评估机构的名册上。

负责开展终点考核的组织需要经过教育和技能拨款局的审批，且每年都需要注册 1 次，方可列入考核评估组织的目录中供开拓者小组选择。终点考核组织需要承担的职责包括设计和开发终点考核的内容；检查并确认学徒已经完成了终点考核的全部先决条件；对学徒开展终点考核，并遵守外部质量保证安排，确保终点考核的适切性和独立性；确认并记录学徒何时通过了终点考核，申请并获得学徒证书。因此，教育和技能拨款局主要根据其有关职业领域的能力和经验，开发评估工具和材料的经验和专业知识，终点评估实施能力，开展评估所需的物质资源，以及与评估相关的内部质量保证程序等来考察候选的终点考核组织。

三、英国现代学徒制的特征

（一）雇主在学徒制中占主导地位

英国的学徒制经历了行会学徒制、教区学徒制，然后过渡到现代学徒制阶段。在行会学徒制阶段，学徒制的实施由手工业行会负责。在教区学徒制阶段，英国政府加大了对学徒制的管控，并于 1563 年颁布了《工匠学徒法》来维系与规范学徒制，但 1814 年《工匠学徒法》的废止也宣告学徒制在此后相当长的时间内不受英国国家法律保护，学徒制开始逐渐衰落。在现代学徒制萌芽时期，英国政府颁布了《产业培训法》，标志着英国政府重新开始了对学徒培训的直接干预，但国家授权产业委员会主导学徒制的实施，其成员主要来自企业，学徒制的培训工作基本由企业承担。在现代学徒制的发展阶段，政府委托培训和企业理事会负责职业培训，后来又成立学习与技能理事会来主导现代学徒制体系的构建。但是培训和企业理事会等相关机构的成员中来自企业的代表占据很大的比例，对学徒制的决策拥有较大的权限；负责制定学徒制框架的行业技能委员会的成员同样有很大一部分来自企业，因此学徒制标准的制定基本是由雇主们主导。虽然学徒制框架规定了学徒培训的三大要素，但雇主只需保证学徒最终取得这些资格认证，而且雇主在学徒培训的内容和方式上拥有相当大的自主权。

2010 年以后，英国的学徒制直接转变为雇主主导的学徒制，政府则退居幕后，主要负责搭建学徒制改革平台和提供经费支持。在雇主主导的学徒制中，由雇主、雇主联盟和培训机构制定学徒制的行业资格标准，确保行业资格标准能得到大多数雇主的认可和重视；雇主作为学徒制的"买方"，可以对培训机构提出契合企业发展的学徒质量要求，确保学徒培养符合企业的人才需求；雇主直接参与学徒制的终点考核测试，确保终点考核测试能有效地检测出学徒的真实水平。

（二）基于能力的学徒制培训标准体系

之前的学徒制培训一般由行业自行制定学徒培训的细则，甚至是由雇主或培训师傅自行决定，导致学徒培养质量参差不齐。为了解决这个问题，英国于 2009 年颁布了《学徒制、技能、儿童与学习法案》，设立了学徒制框架，在线专门负责学徒制框架的制定，明确学徒要想获得学徒制证书就必须达到的具体要求。尽管不同行业、不同岗位的框架内容存在一定差异，但都包括了对学徒能力、知识、技能的要求，分别对应能力本位要素、知识本位要素和关键技能。

能力本位要素是学徒制框架的核心，其形式是英国国家职业资格证书NVQs，决定了学徒制的级别。NVQs 以英国国家职业标准为基础，是以规定的工作场所中的能力表现为考评依据的一种职业资格证书，描述了证书持有者应该能做什么。NVQs 分为 5 个等级，涵盖了农业、林业和畜牧业，以及能源、矿业、建筑业、工程、制造业，交通运输业、商业与服务业等11 个职业领域，共有大约 1 000 种职业资格证书。每个 NVQ 从工作性质方面划分为重复性的熟练操作岗位标准、技术操作岗位标准、技术管理岗位标准、企业管理岗位标准和科学研究岗位标准等；5 个技术难度等级分为 5 个级别，分别对应熟练工人、技术工人、技术员、高级技术员与专业人员这 5 级岗位。学徒制对应的是 NVQ-2 级，高级学徒制对应的是 NVQ-3 级，高等学徒制对应的是 NVQ-3 级或 NVQ-4 级。

技术证书是知识本位要素的形式，它确保学徒具备必需的理论基础知识。2001 年，英国政府在学徒制项目中推出技术证书，旨在为 16 岁以上的学生获得的知识和技能提供证明，颁发给完成了与特定的职业技能相关的专门课程学习的学徒，学徒对这些课程的学习一般在专业培训机构完成。

关键技能是一种可迁移的技能，主要包括六个方面的能力：交流能力，即听说读写的能力；数字运用能力，即处理、计算、解读与呈现包含数字的信息的能力；信息传播技术，即探索、发现并呈现文本、图片和数字信息的能力；团队精神，即与他人合作的能力；自我改进的能力，即学习者专注于自己想要达到的目标，并能够朝着提高学习质量和成绩的目标努力的能力；解决问题的能力，即学习者为解决问题而努力，展示他们有系统地解决问题的能力。

随着英国的学徒制由政府主导转变为由雇主主导，雇主成为学徒制新标准开发的主体。因此，英国政府宣布在 2019—2020 学年废除全部学徒制框架。自 2013 年开始，由行业的开拓者小组负责学徒制标准的制定。开拓者小组由不少于 10 家单位组成，且必须包括行业内的大型企业以及中小型企业，并邀请行业培训机构等共同参与标准的制定。行业的开拓者小组按照《英国学徒制标准细则》的要求，延续学徒制能力本位的特色，明确学徒出师时应达到什么水平，以及出师后能够从事什么工作。

（三）基于能力的学徒制考核体系

英国的学徒制侧重对结果的考核，对培训过程不加规范，而是采取终点考核的方式对完成学徒培训的学徒进行一次性的全方位考核。终点考核方案由开拓者小组在制定学徒制培训标准时一并完成，书面考试并不是学徒制培训主要的考核方式。终点考核经常在学徒的工作场所内进行，包括考核人员在学徒的工作场所内观察学徒在真实的工作状态下的工作表现，并对其工作表现有重点有选择地加以考察；在模拟的工作情境中对学徒进行能力测试、技能测试、熟练度测试；要求学徒完成指定的作业任务；查阅学徒的培训档案等，确保考核有助于正确地判断学徒是否真正具备相应的职业能力。组织考核评估由没有参与学徒培训或管理工作且完成学徒资格评估机构登记的第三方进行，以确保终点考核公平公正。

（四）通过立法规范学徒制培训工作

英国有着 1 500 多年的法制历史，英国的法制传统同样也体现在学徒制培训工作上。早在 1563 年，英国就颁布了《工匠学徒法》来规范学徒制，首次以法律的形式明确了学徒和师傅的资格、学徒培训时间、师傅带学徒的数量等；不按照《工匠学徒法》开展学徒制培养的手工业作坊主将会被起诉。1601 年，英国议会颁布了《济贫法》，赋予教区的监督员和教会的执事将区内的流浪儿童送去做学徒的权力，并通过强制征税的方式为学徒制的开展提供经费支持。1802 年，英国又通过了《学徒健康与道德法》，对学徒的工作时间、基础教育和宗教教育时间作出规定，且相关费用均由学徒的师傅承担。1964 年，英国颁布了《产业培训法》，这标志着英国政府重新开始对学徒培训进行直接干预。1973 年，英国颁布了《就业和培训法》，并依据该法律成立了人力资源服务委员会，开始探索现代学徒制。2000 年，英国颁布了《学习与技能法》，并于 2001 年成立学习与技能理事会来统筹现代学徒制工作，这标志着英国政府正式主导现代学徒制体系的构建。2008 年颁布的《学徒制草案》对学徒制证书、学徒制框架、学徒制标准、学徒制协议等方面都进行了详细的规定。2009 年，英国政府颁布了继《工匠学徒法》后的第二部专门关于学徒制的法律——《学徒制、技能、儿童与学习法案》。

这些法律法规的出台规范了学徒制工作的开展，对学徒制的发展起到重要的推动作用；而学徒制的改革与发展又进一步推动了学徒制法治建设，两者相互促进，成为学徒制在英国良性发展的重要原因。

（五）搭建了职业教育与普通教育的"直通车"

英国的学徒制主要包括中级学徒制、高级学徒制、高等学徒制和学位学徒制，且这几种学徒制之间存在递进关系，并通过职业资格证书与普通教育互通。根据英国商务、创新和技能部（2016 年以后，英国政府对相关部门进行整合调整，英国商务、创新和技能部被撤销，其部分职能被并入教育部或商业、能源和工业战略部）发布的《英国学徒制标准细则草案》，如表 2-1 所示，中级学徒制的学徒需要在英国常规资格框架（RQF）下获得不少于 37 个学分，并达到 RQF-2 级能力，对应于英国普通中等教育证书 GCSE 水平；高级学徒制的学徒需要在英国常规资格框架（RQF）下获得不少于 37 个学分，并达到 RQF-3 级能力，对应于英国普通中等教育证书考试高级 A-Level 水平；高等学徒制的学徒需要在英国常规资格框架（RQF）下获得 90 个及以上学分，并达到 RQF-4 级到 RQF-7 级能力，对应于国家高等教育证书及以上水平；学位学徒制的学徒需要在英国常规资格框架（RQF）下获得 120 个及以上学分，并达到 RQF-6 级或 RQF-7 级能力，对应于普通教育中的本科学位或硕士学位。这种阶梯式的设计为学徒的继续深造提供了可能，也有助于提升社会对学徒制的认知，改变社会对学徒制教育只是培养蓝领工人以及认为其低层次、无前途的刻板印象。

表 2-1　英国学徒制与普通教育的对应情况

学徒制类型	学徒要求	与普通教育的对应关系
中级学徒制	RQF 获得不少于 37 个学分，并达到 RQF-2 级能力	英国普通中等教育证书 GCSE
高级学徒制	RQF 获得不少于 37 个学分，并达到 RQF-3 级能力	英国普通中等教育证书考试高级 A-Level
高等学徒制	RQF 获得不少于 90 个学分，并达到 RQF-4 级到 RQF-7 级能力	国家高等教育证书及以上
学位学徒制	RQF 获得不少于 120 个学分，并达到 RQF-6 级或 RQF-7 级能力	本科学位或硕士学位

第三节　中国特色学徒制与国外学徒制的对比

一、中国特色学徒制与国外学徒制的相同之处

中国特色学徒制究其本质还是学徒制，具有与其他国家的学徒制的共性，是一种校企"双主体"联合培养技术技能人才的制度或方式。因此，

中国特色学徒制与其他国家开展的学徒制有着诸多相同之处。

（一）政府相关部门在学徒制开展中发挥顶层设计作用

新中国成立后，中央人民政府的下辖部门——政务院发布《关于开展职工业余教育的指示》，指导各工厂针对不同岗位制定学徒培训方案和考核办法；之后国务院《关于大力推进职业教育改革与发展的决定》《关于加快发展现代职业教育的决定》等文件指导中国学徒制的开展。为了落实国务院关于学徒制的相关文件精神，教育部在江西省新余市试点的基础上，在全国范围内遴选了 562 家单位进行现代学徒制试点；人力资源社会保障部在北京、天津、内蒙古等地开展企业新型学徒制试点，并于 2021 年开始中国特色学徒制的探索与实践。

在德国，联邦教育研究部、联邦经济部和劳动部等部门是"双元制"的一级主管部门，负责解决"双元制"的根本性与全局性问题，指导各州的文教部制定职业学校的教学大纲和教学内容，并直接管理"双元制"中的企业培训部分。

英国的现代学徒制由几经更名的教育部①负责顶层设计，统筹学徒制的全面开展，并负责制定学徒制相关政策，形成了包括政府主管部门、拨款资助单位、资格认定和证书颁发机构、行业协会、监督部门、雇主联盟、培训机构和高校等在内的现代学徒制治理体系。

政府的顶层设计为学徒制的开展指明了方向，确保了学徒制的实施质量和效果，推动了学徒制的健康发展。

（二）颁布了相关的法律法规为学徒制的开展提供支撑

为了确保学徒制的顺利开展，中国于 1996 年通过了《中华人民共和国职业教育法》，首次以法律的形式要求职业学校、职业培训机构实施职业教

---

① 英国在 1993 年推出青年培训计划，由当时的英国教育部负责。2001 年，设立教育与技能部，负责现代学徒制。2007 年，教育与技能部拆分为教育部和创新、大学与技能部，现代学徒制由创新、大学和技能部负责。2009 年，创新厅、大学和技能部并入商业、创新与技能部，现代学徒制由商业、创新和与技能部负责。2016 年后，成立了教育部和商业、能源与产业战略部，分别负责现代学徒制的教育部分以及产业战略和技能培训部分。

育应当实行产教结合,可以举办与职业教育有关的企业或者实习场所;2022年 4 月修订的《中华人民共和国职业教育法》,更是将中国特色学徒制上升至国家法律层面,提出"国家推行中国特色学徒制"。

早在 1897 年,德国政府就颁布了《手工业者保护法》对学徒制进行规范;之后多次通过修订《工商管理条例》来提高学徒制的社会地位;1938年,德国颁布《德意志义务教育法》,使得"双元制"这种培养方式在学校的教学环节有了法律依据;1969 年,德国政府颁布《职业教育法》,从法律的角度正式确立了"双元制";1981 年通过的《职业教育促进法》及之后的修订案对"双元制"进行规范。

英国于 1563 年颁布了《工匠学徒法》来维系与规范学徒制;1601 年英国议会颁布了《济贫法》,开展教区学徒制,并规定通过强制征税的方式为学徒制的开展提供经费支持;1964 年,英国颁布了《产业培训法》重新开始对学徒培训的直接干预;之后通过颁布《就业和培训法》《学习与技能法》《学徒制、技能、儿童与学习法案》等法律法规,成立相应的部门对学徒制进行规范和管理。

如表 2-2 所示,这些法律法规的出台,为这些国家的学徒制工作的开展奠定了坚实的法律基础。

表 2-2　中国、德国、英国颁布的相关学徒制的法律法规

国家	法律法规名称	颁布年份
中国	中华人民共和国职业教育法	1996 年
	中华人民共和国职业教育法	1996 年,2022 年
德国	手工业者保护法	1897 年
	工商管理条例	1881 年,1891 年,1907 年等
	魏玛宪法	1919 年
	德意志义务教育法	1938 年
	手工业条例	1953 年
	职业教育法	1969 年
	职业教育促进法	1981 年
	职业教育法	2005 年

续表

国家	法律法规名称	颁布年份
英国	工匠学徒法	1563 年
	济贫法	1601 年
	学徒健康与道德法	1802 年
	1833 年工厂法	1833 年
	产业培训法	1964 年
	就业和培训法	1973 年
	学习与技能法	2000 年
	学徒制草案	2008 年
	学徒制、技能、儿童与学习法案	2009 年
	企业法案	2016 年

（三）能力本位的学徒培养目标

无论是中国特色学徒制，还是德国"双元制"、英国现代学徒制，均采取的是职业学校（培训机构）与企业联合培养学徒的方式，由职业学校（培训机构）和企业（行业协会）根据企业岗位能力需求共同确定学徒培养目标、培养标准，这就决定了学徒培养的最终目标是满足企业岗位能力要求，是一种以职业能力培养为核心的能力本位的教育模式。职业学校（培训机构）和企业在学徒培养上分工协作，职业院校（培训机构）负责对学徒进行系统的文化知识教育、专业知识教育和技能训练，企业则负责对学徒进行岗位技能训练。尽管学徒需要在职业学校（培训机构）接受相关文化知识和专业理论知识学习，但这些知识的学习能帮助学徒更好地理解技能背后的原理和逻辑，提高学徒掌握的技能的广度和深度；帮助学徒掌握最新的技术和方法，培养学徒解决问题的能力、创新思维能力和团队协作能力；提升学徒未来职业胜任力，实现学徒职业生涯的长远发展。因此，学徒在职业学校（培训机构）接受的教育最终还是服务于学徒能力提升这一终极目标的，这也是学徒制区别于一般的企业员工在岗培训的显著特征。

（四）学徒制培养与普通教育融通

教育部开展的中国特色学徒制采取的是与普通教育完全相同的招生方式，并通过学分置换的方式让学徒获得普通教育的学分，进而取得学历证书；人力资源社会保障部开展的中国特色企业新型学徒制则以成人教育的方式使得学徒能取得成人教育学历，并为学徒进一步提升学历提供了途径。

在德国，以"双元制"为特色的职业教育与普通的学历教育是相互交叉和互通的，普通教育学校的毕业生均可转入职业学校参与学徒制学习；同样，接受"双元制"教育的学生在经过一定的文化课补习后也可以进入高等院校学习。英国的学徒制分为中级学徒制、高级学徒制、高等学徒制和学位学徒制，并且这几种学徒制之间存在递进关系，学徒可以在学徒制体系内从中级学徒提升至学位学徒，并通过职业资格证书与普通教育互通。

尽管中国、德国和英国学徒制与普通教育的融通方式存在一定的差异，但两种人才培养方式的相互融通对于提升学徒制的吸引力和社会认可度都起到了促进作用。

二、中国特色学徒制与国外学徒制的不同之处

尽管中国特色学徒制与国外的学徒制都存在学徒制的共性特征，但由于中国国情的差异，中国特色学徒制又有着区别于其他国家学徒制的个性特征。

（一）政府开展学徒制的出发点不同

19 世纪，德国爆发的三次严重的经济危机导致青年的犯罪率大幅度上升，许多青年参与到大罢工运动中，这在一定程度上造成德国严重的社会动荡。因此，德国政府决定通过进修学校来普及义务教育，将学校教育当成解决这一社会问题的重要方式，这也是德国"双元制"的雏形。

从 17 世纪的国家立法和教区学徒制阶段，到 20 世纪 80 年代现代学徒制萌芽阶段，再到 21 世纪初期的现代学徒制调整完善阶段，英国政府大力

发展学徒制最根本的目的都是为了缓解当时严重的青年失业问题。

尽管中国特色学徒制是在借鉴德国"双元制"、英国现代学徒制等国外学徒制先进经验的基础上发展起来的，但中国特色学徒制从一开始就是为社会主义现代化建设培养技术技能人才，其本质特征是为党育人、为国育才。虽然中国的学徒制经历了新中国成立初期的"半工半读"到"工学结合"，再到教育部现代学徒制试点、人力资源社会保障部企业新型学徒制试点，再到当前探索和推行的中国特色学徒制，但这一根本目标从未改变。教育部开展的中国特色学徒制面向的是普通学校在校生，而人力资源社会保障部开展的企业新型学徒制的培养对象为与企业签订一年以上劳动合同的技能岗位职工和转岗等人员，二者均不是针对失业青年而开展的。中国特色学徒制作为中国特色社会主义制度下的一项人才培养制度，其顶层设计、治理格局、实施方式等方面都体现着为中国式现代化培养技术技能人才这一根本出发点，是培养担当中华民族伟大复兴大任的时代新人和培养德智体美劳全面发展的社会主义建设者和接班人的重要途径。

（二）学徒制的主导方不同

中国特色学徒制是由政府牵头，而不是企业自发自愿开展的，尤其是在教育部开展的中国特色学徒制试点中，职业院校占主导地位。由于企业参与学徒制的意愿并不高，所以政府往往依靠财政拨款、为开展学徒培养的企业提供补贴等方式来吸引企业加入学徒制，这在一定程度上限制了学徒制培养质量的提升。

在德国的"双元制"中，学校教育部分由各州文教部根据企业培训要求制定职业学校的教学大纲和教学内容；企业培训部分则由各企业根据《职业培训条例》和本企业具体情况制定培训计划并付诸实施。因此，《职业培训条例》和教学大纲分别是指导企业培训和职业学校教学的核心文件，企业对"双元制"的主导作用就表现在这两个核心文件的制定过程中都有企业的参与。企业主导的学徒制保证了学校教育和企业培训都能符合企业需求，因而提高了企业参与学徒制的积极性。不仅如此，德国对学徒和雇员在法律上的区别使得企业只需要向学徒支付相当于正式员工工资25%～40%的津贴来招聘学徒，降低了企业用工成本；而小企业可以将学徒培训转移到政府拨款的跨企业培训中心完成，而不需要自身承担高额的培训成本，这也在很大程度上提高了德国企业参与学徒制的意愿。

英国早期的学徒制由政府主导，但是 21 世纪以来，英国的学徒制逐渐转变为雇主主导的学徒制，由雇主、雇主联盟和培训机构制定学徒制的行业资格标准；作为学徒制的"买方"，雇主可以对培训机构提出契合企业发展的学徒质量要求，并直接参与学徒制的终点考核。

（三）学徒制的法律保障不同

尽管中国、德国和英国都颁布了相关的法律来保障学徒制的顺利开展，但无论是中国，还是德国，都没有单独的关于学徒制的法律文件。中国有关学徒制的法律条款主要分布在《中华人民共和国职业教育法》《中华人民共和国教师法》《中华人民共和国劳动法》《中华人民共和国公司法》等法律文件中；德国有关学徒制的法律条款主要分布在《手工业者保护法》《魏玛宪法》《德意志义务教育法》《职业教育法》《职业教育促进法》等法律文件中。很明显，散落在这些法律法规中的关于学徒制的法律条款是不完善、不成体系的。

而英国政府对于学徒制的法律及地位的界定都非常明确，早在 1563 年英国政府就颁布了专门的《工匠学徒法》来维系与规范学徒制；于 1802 年颁布了《学徒健康与道德法》；于 2008 年颁布了《学徒制草案》；于 2009 年颁布了《学徒制、技能、儿童与学习法案》。除了这些专门有关学徒制的法律法规外，英国颁布的《济贫法》《产业培训法》《就业和培训法》《学习与技能法》等诸多法律文件中也都对学徒制作出了重要的规定。这些法律文件的颁布确定了学徒制在英国的法律地位，并使得学徒制在英国的开展有法可依。

（四）学徒制的质量控制方式不同

中国特色学徒制和德国"双元制"采取的是过程性控制和结果性控制相结合的质量控制方式。

在中国特色学徒制实施过程中，职业学校（培训机构）和企业会定期或不定期地通过口试、笔试、实践演示、观察等方式对学徒进行过程性考核；学徒期满，完成相应的学习任务和通过考核的学徒能按规定取得毕业证书；学徒在培训期满后的一年内可以参加职业资格评价、职业技能等级认定或专项职业能力考核，合格者可以取得相应的职业资格证书（技能等级证书）；在不具备条件开展职业资格评价、职业技能等级认定或专项职业能力考核时，学员参加并通过经备案的综合性结业考核以获得培训合格证明。

德国的"双元制"的考试分为中间考试和毕业考试两种。中间考试一般在培训进行到 1 年或 1 年半时进行。两次考试均采取的是以统一标准、统一命题、统一考核时间、统一阅卷和统一发证为核心的质量保证体系。

英国的现代学徒制放弃了早期在学徒培训期间多次对其进行测试、评估、考核的做法。学徒的评估改为学徒在完成培训时，由相关评估部门对其进行一次性的、全方位的终点考核，组织考核评估由没有参与学徒培训或管理工作的第三方进行，且必须采取测试、考试、专业的讨论、工作场所的观察、档案袋评估、指定任务、工作产出评估等考核方式中两种以上的考核方式。

第三章

广西职业技术学院物流类专业
中国特色学徒制的探索与实践

第一节　广西职业技术学院物流类专业
中国特色学徒制实施简介

一、广西职业技术学院物流类专业简介

广西职业技术学院物流管理专业是"国家示范性高等职业院校建设计划"骨干高职院校重点建设专业、教育部"高等职业教育创新发展行动计划"骨干专业、自治区级职业教育示范特色专业。该专业于2004年正式开始招生，到2024年已连续培养18届毕业生。

2010年，广西职业技术学院在物流管理专业下增设"国际物流"方向，旨在培养具备国际视野与跨文化交流能力的物流精英；增设"物流信息技术"专业，致力于培养掌握现代信息技术、推动物流产业升级的复合型人才。2011年，广西职业技术学院物流管理专业获批为"国家示范性高等职

业院校建设计划"骨干高职院校重点建设专业,并于 2014 年以"优秀"等级通过教育部验收。

2015 年,广西职业技术学院在物流管理专业下增设"农产品冷链物流"方向,聚焦农业现代化与食品安全保障,培养专业人才助力国家冷链物流体系建设;获全国首批现代学徒制试点专业立项,并于 2018 年以"优秀"等级通过教育部验收;与广西财经学院携手开展物流管理专业联办本科试点项目,实现教育资源的共享与互补,提升人才培养的层次与质量;2016 年,面对物流行业金融服务需求的日益增长,增设"物流金融管理"专业并获批,进一步深化了物流领域的人才培养体系,为行业输送了既懂物流又通金融的复合型人才。广西职业技术学院物流管理专业获广西壮族自治区 2016—2017 年度职业教育示范特色专业及实训基地立项,并于 2020 年以"优秀"等级通过广西壮族自治区教育厅验收。

2017 年,广西职业技术学院物流管理专业首次招收东盟国家留学生,在提升物流管理专业国际影响力的同时,也为促进中国与东盟国家的学术合作与人文交流做出贡献。2019 年,广西职业技术学院物流管理专业获批教育部"高等职业教育创新发展行动计划"骨干专业;广西职业技术学院物流管理专业成为全国首批 1+X 证书制度试点专业,并于 2020 年成立全国首个"物流管理'1+X'证书国际推广中心";广西职业技术学院物流专业群获广西"双高"计划项目建设,并于 2022 年以"优秀"等级通过广西壮族自治区教育厅验收。

2021 年,面对物流行业的快速迭代与技术革新,广西职业技术学院紧跟时代步伐,按照国家新版高等职业教育物流类专业目录要求,将物流管理专业更名为"现代物流管理",以更加精准地定位专业发展方向、反映行业最新动态。同年,"物流工程技术"专业获批并启动招生,进一步丰富了物流专业群建设,旨在为行业培养大量服务于"智慧物流"及物流前沿技术的专业技术工程师。2022 年,紧跟产业链和供应链的发展趋势,成功申报并开始招收"供应链运营"专业的学生,旨在培养具备供应链运营思维与实践能力的高素质复合型人才,为行业的供应链优化与升级提供有力支撑;同年,现代物流管理专业教学团队入选自治区高校黄大年式教师团队。2023 年,现代物流管理专业群入选广西新一轮"双高"计划建设项目;与广西民族大学开展物流管理专业联办本科；专业团队获评国家首批职业教育教师教学创新团队。

二、广西职业技术学院物流类专业中国特色学徒制的发展历程

2012 年，广西职业技术学院物流管理专业就开始与 10 多家优质企业联合开展"订单培养"，探索"以师带徒"，初步建立了现代学徒制标准雏形。2014 年，伴随"产教结合"过渡到"产教融合"的演变脉络和演进逻辑，广西职业技术学院物流管理专业与中国物流与采购联合会、上海环众物流有限公司、广西德邦物流有限公司联合开展了"四方协同、双主体培养、第三方机构独立监管"的现代学徒制人才培养探索和创新，引进英国现代学徒制标准，并按照我国实际情况进行本土化改造。

2015 年 8 月，广西职业技术学院物流管理专业被确定为教育部首批现代学徒制试点专业，校、企、行、评共同制定了中国特色物流管理专业现代学徒制标准体系，与广西德邦物流有限公司开展首批 10 名现代学徒的联合培养。2017 年，第二届现代学徒制项目启动，与美宜佳控股有限公司、永辉超市联合培养了 28 名学徒；同年依托广西的地缘优势和"中国-东盟边境职业教育联盟"平台优势在东盟留学生中尝试现代学徒制人才培养。

2018 年，广西职业技术学院首批物流管理现代学徒制试点专业以"优秀"等级通过教育部验收，试点专业全面辐射带动学校其他专业开展学徒制培养工作。2019 年起，广西职业技术学院物流管理专业总结和归纳现代学徒制改革的成功经验，成果获广西职业教育自治区级教学成果一等奖、全国物流职业教育教学成果一等奖、教育部产教融合典型案例；开始向国内其他职业院校和东盟国家职业院校推广现代学徒制的经验做法；陆续发布了 5 项现代学徒制地方团体标准和 7 项现代学徒制行业标准、4 项国家教学标准、2 项 1+X 职业技能等级标准、3 项国家职业技能标准，以标准链为基线，实现专业链、课程链、岗位链、评价链与标准链对接，完善人才培

养模式，面向广西壮族自治区内外以及东盟国家的推广，形成了丰富的理论和实践成果。

第二节　广西职业技术学院物流类专业
中国特色学徒制实施过程

一、中国特色学徒制参与单位遴选

根据广西职业技术学院物流类专业教学团队发布或联合发布的《物流现代学徒制实施要求　合作机构要求》《物流现代学徒制实施要求　管理机构要求》《物流现代学徒制实施要求　第三方评估机构要求》《现代物流管理专业　现代学徒制合作企业等级划分》《物流现代学徒制实施要求　培训机构要求》，进行广西职业技术学院物流类专业中国特色学徒制管理机构、第三方评价机构和联合培养单位的遴选。最终确定由中国物流与采购联合会担任学徒制管理和认证机构，北京中物联物流采购培训中心担任第三方评估机构、南宁景通物流有限公司作为学徒制联合培养企业。

二、中国特色学徒制实施——以南宁景通物流有限公司"农产品冷链物流现代学徒制实验班"为例

（一）第一阶段：学徒培养前的准备工作

1. 签订学徒联合培养协议

在完成中国特色学徒制参与单位遴选工作后，广西职业技术学院分别与南宁景通物流有限公司、北京中物联物流采购培训中心、中国物流与采购联合会签订现代学徒制培养协议。

2. 制定学徒制培养标准

在充分汲取前两届现代学徒制培养经验及标准的基础上，广西职业技

术学院联合南宁景通物流有限公司、北京中物联物流采购培训中心共同制定"仓储管理岗位""运输管理岗位""配送管理岗位""采购管理岗位"4个职业岗位的培养标准。以仓储管理岗位为例，学徒需要完成学徒制单元标准中的"单元一：行业企业认知""单元二：物流作业中的环境保护、健康与安全""单元五：物流收发货作业""单元八：物流设备操作要求""单元十：物流盘点作业管理"等几个单元的学习。采购管理岗位则需要完成"单元一：行业企业认知""单元二：物流作业中的环境保护、健康与安全""单元三：客户关系维护""单元七：对外业务关系处理""单元九：物流采购管理作业"的学习。具体内容如图3-1～图3-5所示。

学徒单元标准

单元一：行业企业认知

单元概述

1.单元阐述

本单元标准是关于行业和本企业的认知。主要包括对整个行业的认识和了解，并能通过已有的知识进行分析总结，从而识别出企业目标和个人目标。这个标准是关于如何融入一个企业，并知道如何与他人合作。

2.标准适用对象

本单元标准适用于企业操作中的每一个级别相关的操作人员。

学习目的	评估标准	证据类型 (CS- WD- TL- LXC-ZS-JY-GC-ZRZC-Z/X-GZ-HB)	
		证据参考编号	日期
1.知道企业、行业相关知识	1.1 了解职业道德的知识		
	1.2 了解本行业的发展		
	1.3 了解当前行业面临的挑战与机遇		
	1.4 了解所在企业的经营管理模式		
	1.5 了解公司的发展历程、经营理念、战略目标、远景规划和市场定位		
	1.6 了解公司的企业文化活动		
2.能够对企业做出有效的活动	2.1 能够做到职业道德的要求		
	2.2 能够遵守公司相关的法律、企业规章和操作要求		
	2.3 能够明确工作内容和工作重点		
	2.4 能够在自己的职责范围内及时响应他人的请求		
	2.5 能够从业绩反馈中提高自己的业务能力		
	2.6 能够与同事建立有效的工作关系		
	2.7 能够积极参加公司的企业文化活动		
	2.8 能够对公司的发展提出客观的见解		

学校导师签名：_____   日期：_____

学徒签名：_____   日期：_____

图 3-1　行业企业认知

学徒单元标准

单元二：物流作业中的环境保护、健康与安全

单元概述

1.单元阐述

本单元标准是关于物流作业中的环境保护、健康与安全知识。主要包括树立正确的环境保护意识、职业健康与安全观念，理解环境保护、职业健康与安全的重要性，掌握环境保护、职业健康与安全相关法律法规以及有关预防及善后处理的方法及技术，提高职业素质和职业能力，做好适应社会、融入社会和就业的准备。

2.标准适用对象

本单元标准适用于企业操作中的每一个级别相关的操作人员。

学习目的	评估标准	证据类型 (CS- WD- TL- LXC-ZS-JY-GC-ZRZC-Z/X-GZ-HB)	
		证据参考编号	日期
1. 知道如何在物流作业中做到环境保护、维护健康与安全	1.1 知道什么是绿色物流		
	1.2 知道企业在环境保护与节能处理方面的相关规定		
	1.3 知道在物流作业中维持健康与安全相关的法律和企业规章		
	1.4 知道自己在健康与安全方面的责任		
	1.5 知道个人防护设备的正确使用方法		
	1.6 知道冷库作业的相关安全要求		
	1.7 知道企业的事故应急程序		
2. 能够在物流作业中做到环保节能、维持健康与安全	2.1 能够在作业过程中做到环保与节能		
	2.2 能够遵守物流作业中维护健康与安全相关的法律和企业规章		
	2.3 能够履行自己在健康与安全方面的责任		
	2.4 能够正确使用个人防护设备		
	2.5 能够查找出健康与安全隐患		
	2.6 能够对所发生的事故做好记录		
	2.7 能够积极采取行动，防止伤害、盗窃或损坏发生		

学校导师签名：_____   日期：_____

学徒签名：_____   日期：_____

图 3-2　物流作业中的环境保护、健康与安全

学徒单元标准

单元五：物流收发货作业

单元概述

　　1.单元阐述

　　本单元标准是关于收发货的物流管理作业的相关知识。主要包括收货、发货和验货作业的法律法规，收、发货管理的相关知识和作业流程及对瑕疵品的处理方法。通过学习能够使学生掌握工作的具体内容，注重细节的把握，提升学生的学习兴趣和责任心。

　　2.标准适用对象

　　这个标准适用于企业操作中收、发货管理的操作人员。

学习目的	评估标准	证据类型 (CS- WD- TL- LXC- ZS-JY-GC-ZRZC-Z/X-GZ-HB)	
		证据参考编号	日期
1. 知道物流作业中收、发货的处理要求	1.1 知道"收、发货的物流管理作业"的法律和规章制度		
	1.2 知道收、发货的作业流程及注意事项		
	1.3 知道验货的作业流程及对瑕疵品的处理方法		
	1.4 知道收、发货的作业流程及注意事项		
2. 能够做到企业收发员岗位的物流管理作业	2.1 能够遵守"收、发货的物流管理作业"的法律和规章制度		
	2.2 能够正确制作收、发货的作业流程并完成作业		
	2.3 能够正确制作验货的作业流程及正确处理瑕疵品		
	2.3 能够正确制作收、发货和验货的单据		
	2.4 能够正确制作收、发货的作业流程并完成作业		

学校导师签名：_____　　　　日期：_____

学徒签名：_____　　　　日期：_____

图 3-3　物流收发货作业

学徒单元标准

单元八：物流设备操作要求

单元概述

1.单元阐述

本单元标准是关于安全地操作移动设备和固定设备。主要包括选择正确地操作设备、确保设备安全运行，且识别与设备操作相关的问题等。通过学习能够使学生掌握工作的具体内容，注重细节的把握，提升学生的学习兴趣和责任心。

2.标准适用对象

这个标准适用于物流操作中每一个级别相关的操作人员。例如，在仓储、运输或货运代理环节的工作人员。

学习目的	评估标准	证据类型 (CS- WD- TL- LXC-ZS-JY-GC-ZRZC-Z/X-GZ-HB)	
		证据参考编号	日期
1. 知道企业中调度的物流管理作业	1.1 知道与"在物流作业中操作设备的工作要求"相关的法律、企业规章、安全操作要求		
	1.2 知道不同作业所使用的各种设备类型		
	1.3 知道设备使用的常见问题		
	1.4 知道设备使用后要进行例行检查		
	1.5 知道处理各类意外事件的程序		
	1.6 知道设备停止后的维护程序		
2. 能够做到企业中调度的物流管理作业	2.1 能够遵守与"在物流作业中操作设备的工作要求"相关的法律、企业规章、安全操作要求		
	2.2 能够选择合适的工作设备		
	2.3 能够检查设备，确保设备的安全使用		
	2.4 能够根据工作要求，设置和调整设备		
	2.5 能够监控设备，以维持其在整个工作中的安全运行，并随时记录其任何缺陷和损坏		
	2.6 能够按照企业规章保护设备		
	2.7 能够识别任何设备操作的问题，并采取适当措施进行处理		

学校导师签名：＿＿＿＿＿＿＿＿＿　　　日期：＿＿＿＿＿＿＿＿＿

学徒签名：＿＿＿＿＿＿＿＿＿　　　日期：＿＿＿＿＿＿＿＿＿

图3-4　物流设备操作要求

学徒单元标准

单元十：物流盘点作业管理

单元概述

1.单元阐述

本单元标准是关于物流盘点作业管理。主要包括当进行盘点作业时知道个人的角色、职责和公司报告程序，并知道盘点作业的流程。通过学习能够使学生掌握工作的具体内容，注重细节的把握，提升学生的学习兴趣和责任心。

2.标准适用对象

这个标准适用于物流操作中每一个级别相关的操作人员。例如，在仓储、运输或货运代理环节的工作人员。

学习目的	评估标准	证据类型 (CS- WD- TL- LXC-ZS-JY-GC-ZRZC-Z/X-GZ-HB)	
		证据参考编号	日期
1. 知道企业中调度的物流管理作业	1.1 知道与"物流盘点作业"相关的法律、企业规章和操作要求		
	1.2 知道盘点作业的目的、频率和重要性		
	1.3 知道公司盘点表格的格式、结构和内容要求		
	1.4 知道进行盘点作业所需的资源，以及如何获得这些资源		
	1.5 知道公司所使用的库存管理系统		
	1.6 知道盘点作业所产生的各类问题，以及预防、处理措施		
2. 能够做到企业中调度的物流管理作业	2.1 能够遵守与"物流盘点作业"相关的法律、企业规章和操作要求		
	2.2 能够准确地完成盘点作业		
	2.3 能够获得盘点作业所需的资源		
	2.4 能够向相关人员报告盘点进度、结果		
	2.5 能够处理盘点的差异情况		
	2.6 能够识别盘点时的问题，并采取适当的措施进行处理		

学校导师签名：_____   日期：_____

学徒签名：_____   日期：_____

图 3-5　物流盘点作业管理

3. 开展学徒制校内外导师、评估师的遴选和培训

按照《现代物流管理专业　现代学徒制学校导师专业能力要求》《现代物流管理专业　现代学徒制企业导师专业能力要求》，在广西职业技术学院和南宁景通物流有限公司遴选现代学徒制项目校内导师、校外导师、评估师。由第三方评价机构——北京中物联物流采购培训中心对来自广西职业技术学院的学校导师和来自南宁景通物流有限公司的企业导师进行培训，培训内容包括学徒制培养标准解读与执行，学校导师和企业导师在现代学徒制培养中的任务与职责，学徒在不同岗位的标准作业流程等；对新增的评估师开展培养过程的取证与证据上传方法的培训，并对新增的评估师进行考核，通过考核的评估师将获得由学徒制管理和认证机构——中国物流与采购联合会颁发的师资聘书，其获得担任学徒制评估师的聘任资格，聘期一般为 2 年，如图 3-6 所示。

图 3-6　师资聘书

4. 学徒遴选

首先，广西职业技术学院组建由学徒制校内导师、评估师组成的学徒制宣讲团，对广西职业技术学院物流类专业大二的学生进行学徒制动员，向学

生们宣讲学徒制项目的基本做法、优势，提高学生们对学徒制的认知，激发学生的兴趣。

其次，南宁景通物流有限公司委派公司人力资源部的员工来广西职业技术学院进行宣讲，向有意向参与学徒制的学生介绍南宁景通物流有限公司的经营情况、企业岗位设置和岗位要求、学徒期间的待遇等。

最后，按照《现代物流管理专业　现代学徒制学徒准入规范》，校内外导师和评估师，以及企业人力资源部的员工根据学生们提交的简历进行初次筛选，并对初选合格的学生进行面试。经过两轮的面试后，最终选拔出16名学生（学徒）进入南宁景通物流有限公司仓储管理岗位、运输管理岗位、配送管理岗位、采购管理岗位等4个不同工作岗位进行学徒培养，组建"农产品冷链物流现代学徒制实验班"。

5. 签订学徒培养协议

广西职业技术学院（校）作为甲方、南宁景通物流有限公司（企）作为乙方、参与学徒制的学生（生）作为丙方，三方共同签署学徒制校、企、生三方协议，由南宁景通物流有限公司为参与学徒制的学生购买人身意外伤害保险、学生实习责任保险、工伤保险等各项保险；由广西职业技术学院物流学院的领导、校内导师，南宁景通物流有限公司的管理层、企业导师等共同组建"农产品冷链物流现代学徒制实验班"工作小组，制定学徒制实验班的各项规章制度、学徒校内培养课程以及企业轮岗计划等，确保学徒制工作的顺利推进。

（二）第二阶段：学徒联合培养

1. 校企共同确定学徒能力要求

广西职业技术学院与南宁景通物流有限公司以培养学徒的职业能力为目标，根据南宁景通物流有限公司的用人需求和岗位能力素质标准，确定了现代学徒制人才培养的通用能力、专业能力和岗位能力目标。培养出来的学徒除了需要掌握南宁景通物流有限公司仓储管理岗位、运输管理岗位、配送管理岗位、采购管理岗位等4个职业岗位所需要具备的技能外，还需要具备良好的思想品德和职业道德、基本的理论知识、对常用办公软件的运用能力以及良好的写作能力、人际沟通能力等。校、企共同梳理了仓储管理岗位、运输管理岗位、配送管理岗位、采购管理岗位等 4 个职业岗位的关键任务和核心职责，以此确定了学徒完成关键任务所需的关键能力。

2. 校企共同构建学徒制课程体系

以广西职业技术学院与南宁景通物流有限公司共同确定的能力目标为基础，构建了"农产品冷链物流现代学徒制实验班"的课程体系。学徒第一年和第二年主要在广西职业技术学院接受"思想道德与法治""习近平新时代中国特色社会主义思想概论"等公共基础课程，"物流信息技术""现代管理方法"等专业基础课程，以及"智慧仓配运输""采购与供应管理"等专业核心课程的学习，第三年则在南宁景通物流有限公司仓储管理岗位、运输管理岗位、配送管理岗位、采购管理岗位等 4 个职业岗位上，在企业导师的指导下接受岗位技能训练，并置换相应的专业拓展课程学分。按照《物流现代学徒制实施要求　培训课程要求》，广西职业技术学院物流类专业教师团队主持建设自治区级物流管理职业教育专业教学资源库、联合主持建设国家级冷链物流技术与管理专业教学资源库、参建国家级智能物流技术专业教学资源库，建成国家级职业教育国家在线精品课程"物流信息技术"和自治区级智慧物流与供应链培训资源包，丰富学徒培养的手段，提升学徒培养成效。

3. 校企联合开发学徒制教材

基于企业实际岗位工作任务，校、企合作共同开发《冷链物流质量管理》《农产品冷链物流》《冷链供应链管理》《冷链运输》等新型活页式教材，用于学徒培养和企业员工培训。其中，《冷链物流质量管理》《农产品冷链物流》2 本教材获"十四五"职业教育广西壮族自治区规划教材。

4. 校企联合开展学徒培养

学徒在校学习期间需要在广西职业技术学院教师的指导下完成文化知识、物流类理论知识和基本的职业知识学习，并由校内导师指导其进行物流类专业技能训练；学徒在企业实习期间则在南宁景通物流有限公司企业导师的指导下，在仓储管理岗位、运输管理岗位、配送管理岗位、采购管理岗位等 4 个职业岗位上完成相应的岗位工作，进行岗位技能训练，享受企业正式员工的待遇与福利，并接受企业的管理和约束。第三方评估机构——北京中物联物流采购培训中心定期对学校、企业导师进行指导。

（三）第三阶段：学徒制培养评估

1. 学徒培养过程性评估

广西职业技术学院的校内评估师和南宁景通物流有限公司的企业评估师按照学徒培养标准，定期或不定期地通过阐述、问答、讨论、练习册、观察、工作成果、汇报等方式对学徒进行过程性评估，将评估的文档、照片、音频和视频等证明材料按评估日期进行分类整理，并上传至物流管理专业现代学徒成长管理平台，作为学徒评估的重要支撑材料。具体如图3–7～图3–12所示。

1. 什么是绿色物流

绿色物流是指以降低对环境的污染、减少资源消耗为目标，利用先进物流技术规划和实施运输、储存、包装、装卸、流通加工等物流活动。绿色物流是以经济学一般原理为基础，建立在可持续发展理论、生态经济学理论、生态伦理学理论、外部成本内部化理论和物流绩效评估的基础上的物流科学发展观。同时，绿色物流也是一种能抑制物流活动对环境的污染，减少资源消耗，利用先进的物流技术规划和实施运输、仓储、装卸搬运、流通加工、包装、配送等作业流程的物流活动。

2. 列举公司在环境保护与节能处理方面的相关规定

（1）节约用电：仓库使用面积达4000 m²，温湿度要求严格。我们在整个区域设置了六台排风扇，在保证温湿度达标的情况下做到系统定时开关。为了保证冷气不外泄，所有的窗户采取常闭的管理措施，消防门和货物通道门采用专人管理，做到随开随闭，严格管控。

（2）仓库照明用电采用间隔开启的形式，在有透光带的位置、照明强度足够的地方实行关灯节电的措施。

（3）叉车合理调配使用，提高工作效率，减少无效搬运等。

（4）办公区域做到人走灯灭、午休关灯，下班后关闭电脑、打印机、饮水机电源等。

（5）节约用纸：充分利用打印机墨盒、打印纸等办公耗材用品，打印资料前认真核对，避免造成浪费；推行电子化办公，减少纸张的消耗；不涉及公司机密的资料打印采用二手纸，提高纸张利用率。

通过以上回答，我能确认学徒覃浩洁已经展示出自己对这些方面知识的理解，回答的思路很清晰，也很全面，我很高兴：她已经符合了第二单元的1.1、1.2的单元标准要求。

评估师：戴璐

2021.09.30

图3–7　阐述材料

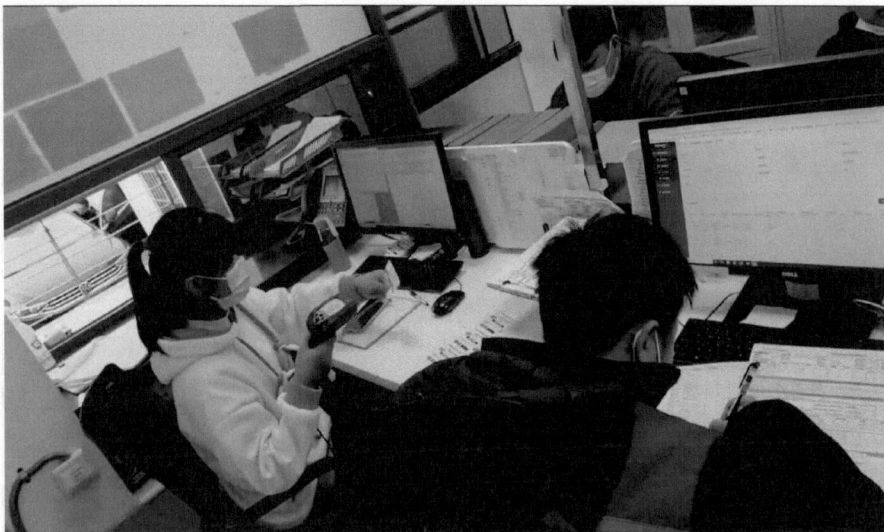

拜访日志			
学徒姓名	覃浩洁	学校导师姓名	戴璐
本次拜访日期	2021.9.30	下次拜访日期	2021.10.28
拜访开始时间	14:00	拜访离开时间	17:00

第一部分——本次拜访活动总述（包括本次学习内容，学习方法等）

一、谈话内容如下。

评估师："学徒到企业实践也有一个月，这段时间以来学徒的表现如何？"企业导师："覃浩洁作为职场新人，各方面态度还是很端正，但是确实缺乏实操经验，要学习的地方还有很多。"评估师："确实如此，还要辛苦企业导师们多多指导和关照了。您可以具体说说学徒浩洁有哪些方面需要加强？"企业导师："覃浩洁学徒本人还是很谦虚好学的，但在很多工作流程和程序上的细节工作因为之前没接触过，还需要时间进行学习和经验的积累。但浩洁有个记笔记的好习惯，反思和汇报做得也还不错，相信她会成长很快的。"评估师："谢谢您的肯定，也期待学徒浩洁的后续表现。"评估师："浩洁，你也工作有一个月了，从学校到企业的转变，你感受如何？"覃浩洁："还在努力适应中。刚过来的时候我确实什么都不懂，还拜让我的企业导师伤脑筋，很多事情都要企业导师手把手地教给我。"评估师："刚开始都是这样的，不用气馁，多下点功夫，勤学好问，以后熟练了就好了。"覃浩洁："好的，谢谢老师。我会继续努力的。"评估师："这样的干劲很棒！老师第一次过来拜访，也给你带来了一些学习资料，希望能够帮助你在工作业务中更好进步。"覃浩洁："谢谢老师，不过这些学习资料可以麻烦老师给我做一个要点讲解么？"评估师："没问题，那我们先一起学习吧。"

二、学习内容如下。

单元一：1.1知道职业道德的知识；2.2能够遵守公司相关的法律、企业规章和操作要求；2.3能够明确工作内容和工作重点。

单元二：1.1知道什么是绿色物流。

单元四：1.1知道企业在"物流作业中单证作业"中的规章制度。

单元七：1.1知道不同业务所涉及的对外单位。

第二部分——学徒评价

初入社会的我还是一张白纸，有很多地方需要去学习和积累。虽然很累，但是很充实，能把学校学到的知识真正运用到实际工作中是一件很有成就感的事，希望我可以早日成长起来，能够独立去处理单证业务和工作。

学徒签名和日期		企业导师签名和日期	
学校导师签字和日期			

广西职业技术学院
GUANGXI VOCATIONAL ＆TECHNICAL COLLEGE　南宁景通物流有限公司

图3-8　拜访日志

1. 简述在物流作业中维持健康与安全相关的法律和企业规章。

（1）货物要堆码整齐、捆扎牢固，关好货车车门，不超宽超高、超重，保证运输全过程安全。

（2）装载时防止货物混杂、撒漏、破损。整批货物装载完毕后，敞篷车辆如需苫布遮盖时必须严密、绑扎牢固，关好货车车门，严防车辆行驶，严格执行企业安全保卫的各项规章制度。

（3）仓库安全工作要贯彻预防为主的方针，做好防火、防盗、防汛，预防工伤事故的出现。建立健全各级安全组织，做到制度上墙、责任到人、逐级把关、不留死角，本着谁主管谁负责、宣传教育在前的原则。

（4）坚持部门责任制，若库区配备消防器材和工具应按企业内部规定执行，不得私自挪用，严禁各种危险品、车辆、油料、易燃品进入库区，仓库区域严禁烟火和明火作业，确因工作需要动用明火除外。

（5）按企业有关安全保卫规定，加强用电管理。建立班前班后检查记录制度，做好交接、检查的详细记录。

2. 简述公司的事故应急程序。

当公司发生事故时会出现相应代码：

（1）红色代码—火灾、爆炸；

（2）黑色代码—自然灾害；

（3）亚当代码—儿童丢失；

（4）白色代码—顾客/员工受伤；

（5）绿色代码—人质挟持、绑架勒索；

（6）橙色代码—化学品溢漏/危险品；

（7）棕色代码—暴力事件；

（8）蓝色代码—炸弹威胁。

例如：员工或者顾客受伤，小组长就会首先会通知AP（现场安全负责人）告知他，有人受伤了，由他判定事情的严重程度如何，之后再由AP以白色代码通知上层领导作出决策。

通过以上的回答，我能确认学徒覃浩浩已经展示出自己对这方面知识的理解，回答的思路很清晰，也很全面，我很高兴：覃浩浩已经符合了第二单元的1.3和1.7单元标准的要求。

评估师：戴璐

2021年10月20日

图3-9　问答材料

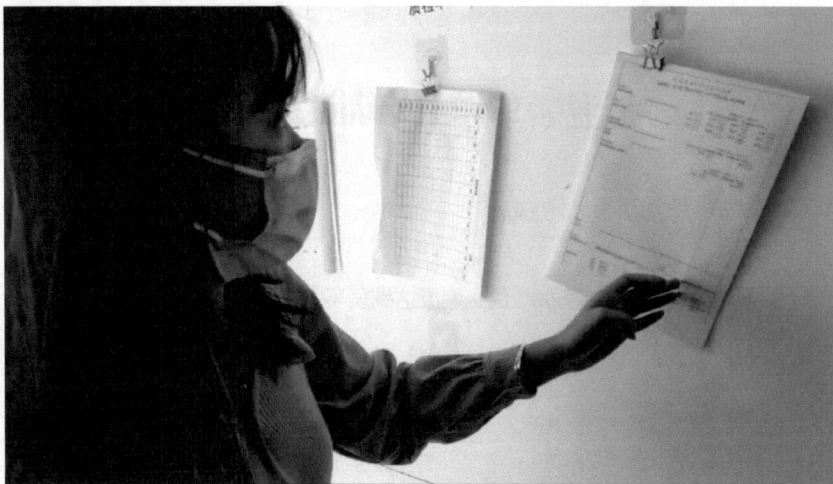

拜访日志			
学徒姓名	覃浩洁	学校导师姓名	戴璐
本次拜访日期	2021.10.20	下次拜访日期	2021.11.25
拜访开始时间	14:00	拜访离开时间	17:00

第一部分——本次拜访活动总述（包括本次学习内容，学习方法等）

一、谈话内容如下。

评估师："带教培训结束了么？学徒现在开始独立工作了么？"企业导师："对，已经结束了。月初开始都是浩洁自己独立操作了，但是白班的工作内容比较复杂，流程比较乱，所以现在学徒做白班还是比较吃力，主要要给她安排晚班工作以方便她先上手。"评估师："晚班的上班时间是从几点到几点呢？"企业导师："我们这边都是8小时工作制，晚班是从12点半工作到晚上点半。"评估师："浩洁学徒独立作业的这段时间，您感觉她有哪些优点和不足呢？"企业导师："覃浩洁学徒很勤奋、好学，工作也能做到认真负责，在年轻人中算是细心细致的了，这对于做单证岗来说是非常重要的品质。不足的话，可能就是性格比较内向，胆子比较小了，在和其他人沟通、交流的时候希望可以更大方、勇敢一点。"评估师："谢谢您的建议。"评估师："浩洁，最近开始自己独当一面了，感觉怎么样？"覃浩洁："还没有能独当一面呢，还是有不少问题我还不知道怎么处理好，需要向师父和其他同事请教。"评估师："这是正常的，刚开始嘛，经验都是在实战中积累的。在工作中碰到的问题要学会记录，工作结束之后做好反思，也可以对其他类似的情况举一反三；处理流程和方案是否可以通用？有任何问题都要勤学好问，可以问企业导师，也可以问学校导师。不用害怕，老师们都会协助你成长的。"覃浩洁："明白了，谢谢老师。"评估师："继续加油！我之前发给你的学习资料，你学习得怎么样了？"覃浩洁："看了一些，也尝试在工作中应用和提炼了了。"评估师："非常好。有合适的契机我们会对这些知识点和技能点进行考核。在考察之前，先带你学习这一次的资料。"

二、学习内容如下。

单元一：2.1能够做到职业道德的要求；2.4能够在自己的职责内及时响应他人的请求。

单元二：1.2知道企业在环境保护与节能管理方面的相关规定；1.3知道在物流作业中维持健康与安全的相关的法律和企业规章。

单元四：1.2知道岗位涉及的单证及作业流程；2.1能够依据企业流程正确制作单证和正确录单的工作。

第二部分——学徒评价

经过一段时间的培训，我现在已经能够独立处理一些业务问题和单证填制。但是白班的工作内容比较复杂，我现在还不够熟练，所以主要还是安排我做晚班的工作。希望再经过一段时间的历练，我也能胜任白班的工作。

学徒签名和日期	企业导师签名和日期
学校导师签字和日期	
	广西职业技术学院 南宁景通物流有限公司

图3-10 企业导师拜访日志

低温装车作业培训试题

姓名: 刘浩森 **车队:** **成绩:** 100

一、 单选:提前整车预冷,直到温度达到装车要求,低温温度要求:

(A)。温度控制器设置为:(A)。

A、0℃-7℃,2℃。 B、0℃-12℃,2℃。

C、2℃-10℃,4℃。 D、2℃-12℃,4℃。

二、 判断:

1、检查车辆门帘完整度,车厢内 5S,冷机作业是否正常,保温罩是否配备,做好食安自检。(✓)

2、对点冷藏、冷冻商品明细。按照路单上指定路线到对应的冷藏、冷冻出货暂存区准备清点货品,自己对点冷冻商品明细。(✗)

3、装货完毕后。下放卷帘门并整理栈板及乌龟车,关闭好配送码头卷帘门,摆放好栈板(8个高),乌龟车(6个高)。 (✓)

三、 向现场调度人员领取 销货单、配送路单、出门单 ;配送司机领取出门单后交至门卫处,门卫检查无误放行。

图 3-11 作业培训试题

拜访日志			
学徒姓名	黄东宝	学校导师姓名	戴璐
本次拜访日期	2021.12.07	下次拜访日期	2022.03.15
拜访开始时间	09:00	拜访离开时间	12:00

第一部分——本次拜访活动总述（包括本次学习内容，学习方法等）

一、谈话内容如下。

评估师："学徒能不能按时上班？"企业导师："黄东宝基本上能提前来办公室。"评估师："他能不能遵守公司的规章制度？"企业导师："黄东宝都能遵守公司的规章制度。"评估师："您也带黄东宝一段时间了，您觉得他的优点有哪些？不足又有哪些？"企业导师："黄东宝的勤奋、好学，基本上能完成工作任务。"评估师："谢谢您！您觉得除了这些，黄东宝还有哪一方面需要加强的呢？"他说："多学习吧。"评估师："黄东宝，最近工作怎么样？"黄东宝："最近工作比较忙，每天都要加班，有时周末也要加班。"评估师："我们要适应从学校到社会的转变，每个岗位都有它的工作内容，事情多的时候，是需要加班的，别的岗位也会这样。目前所在岗位情况如何？"黄东宝："好的老师，目前我们是轮岗学习，过年回来之后定岗。"评估师："继续加油！我之前发给你的学习学习资料，你学习得怎么样了？"黄东宝："看了一些，但是不太明白，也没有时间研究太多。"评估师："那我们一起学习吧，我给你讲解我们的学习内容。"

二、学习内容如下。

单元四：1.1知道企业在"物流作业中单证作业"中的规章制度；1.2知道岗位涉及的单证及作业流程。

第二部分——学徒评价

对于目前的工作来说还不算十分的熟练，但是总体来说也是在不断进步，目前的轮岗学习带给我很好的适应时间和学习机会，我相信会越来越好的。

学徒签名和日期	企业导师签名和日期
学校导师签字和日期	
	广西职业技术学院　南宁景通物流有限公司

图 3-12　物流作业中单证作业

2. 学徒培养终结性评估

按照《现代物流管理专业　现代学徒制学徒出师要求》，由第三方评估机构——北京中物联物流采购培训中心负责对学徒培养质量进行终结性评估，并为评估合格的学徒颁发证书，被评估合格的学徒同时还将获得由学徒制管理和认证机构——中国物流与采购联合会颁发的物流师（助理级）职业能力等级证书。具体如图 3-13 所示。

图 3-13　物流师职业能力等级证书

3. 学徒培养增值性评价

根据参与学徒制的学徒在学徒培养前后的能力测试，并将学徒参加专业技能比赛获奖，学徒获得 1+X 职业技能等级证书以及职业能力等级证书的情况作为学徒增值性评价的主要依据，从而对学徒制的成效进行更为全面的评价。

三、中国特色学徒制的总结

（一）学徒制经验推广

在北京中物联物流采购培训中心指导下，总结学徒制的经验做法，并依托全国物流职业教育教学指导委员会、中国-东盟职业教育边境联盟、物流管理"1+X"证书国际推广中心、广西物流职业教育教学指导委员会、广西物流职业教育集团等平台，将广西职业技术学院物流类专业学徒培养经验向广西壮族自治区内外，以及东盟国家的中职和高职院校推广，指导这些学校开展学徒制培养。

（二）对学徒制的反思

首先，优秀企业参与现代学徒制的积极性不高。企业存在的主要目的是盈利，因此经济回报是企业参与现代学徒制试点工作最主要的动力。这样，一方面可以降低企业的人员招聘成本、培训成本，以及人员招聘中的信息不对称等；另一方面还可享受政府的补贴和税收等优惠政策。但学徒制培养结束后的学徒在企业的留存率较低，且这些优惠政策的优惠力度和对其贯彻落实还不够，适用范围也比较有限，导致学徒制对企业的吸引力较小。

其次，要做好现代学徒制校内、校外导师队伍建设。一方面要把握好校内导师和校外导师的选拔关，将优秀人才纳入现代学徒制人才培养的队伍中；另一方面，还要加强对现代学徒制导师的考核，并根据考核结果对导师进行物质和精神方面的奖励，提高导师们参与现代学徒制项目的积极性。

最后，学徒的留存率及参与现代学徒制的人数亟待提高。一方面，学徒制项目实施后，在学徒招聘与选拔方面，企业应明确学徒发展定位与成长路径，加大对物流感兴趣的学生的吸引力，提高学生参与学徒制项目的积极性；另一方面，学徒制项目实施结束后，需要在学徒专升本继续深造和留下来继续成长之间做出科学决策，提高学徒留存率。

第三节　广西职业技术学院物流类专业
中国特色学徒制的经验做法

一、提出了"三环共融"的中国特色学徒制生态圈模型

围绕教育部现代学徒制试点工作，广西职业技术学院物流类专业从系统论的视角，基于学校、企业、第三方评估机构和行业组织等四方责任共担、互惠互赢的目标，提出逻辑、治理、实践"三闭环"的育人生态圈模型。多元主体的利益诉求与政策主体的因势利导，与现代学徒"毕业即就业"的内生动力契合，为产教深度融合和人才培养提供了逻辑闭环；通过组织设立、制度建设和常态化交流，形成"专业对接产业、课程对接岗位、实践对接生产、平台对接协同育人"的格局，在标准框架统领、资质规范、过程监控和评价基准作用下，形成一个治理闭环；实施"企业认知—工学交替—全职实习"学徒培养的三个阶段，把供应链服务思维、数智化商务技术"双能力耦合"培养的理念贯穿培养全过程，实现技术赋中国特色学徒制，铸造现代学徒向"职业人"蜕变的目标。为现代学徒制提供价值规约与信息支撑，最终形成四方共融共赢、可持续发展的人才培养实践闭环，如图3-14所示。

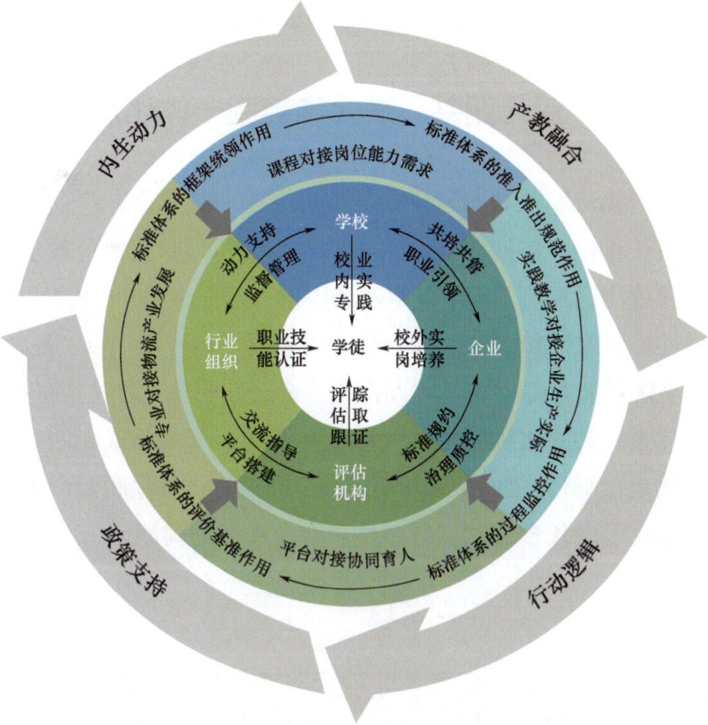

图 3-14 "三环共融"的现代学徒制生态圈模型

二、首创物流管理专业现代学徒标准体系

尽管教育部在全国范围内已经进行了三批现代学徒制项目试点，但我国尚未形成统一的现代学徒制培养标准体系。围绕这一突出问题，广西职业技术学院物流类专业构建"现代物流管理专业现代学徒制培养标准体系"，形成现代学徒制合作企业准入标准等 300 项条款的 10 个标准，成为物流管理专业现代学徒制的理论框架和实践行动指南；该标准经过专业实践、推广应用再到优化提升成为广西团体标准；该标准属于国内首创。在该标准引领下，广西职业技术学院实施"人培方案、双师团队、产教基地、课程资源、企业匠心精神"等多元价值输出，有利于提高职业教育专业适配产业升级的响应速度，为校企合作提供了依据，对于落实立德树人根本任务，以及规范高职物流管理专

业教育教学、深化育人模式改革、提高人才培养质量等具有重要规范意义。

三、搭建"双元四共"现代学徒制一体化运行平台

作为广西物流职业教育教学指导委员会秘书长单位、广西物流职业教育集团理事长单位，广西职业技术学院与全国物流职业教育教学指导委员会建立了长效沟通机制，并牵头组建了中国—东盟边境职业教育联盟。充分发挥区域性、全国性和国际性行业平台的重要主体作用，以"资金、人才、技术"等双赢要素为校企双元育人打造了命运共同体。通过共享技术资源、共享课程体系、共享实训基地、共享教师资源，形成"双元四共"现代学徒制一体化运行平台，如图3-15所示。三层式的一体化联盟产生了叠加效应，有效解决了现代学徒制运行中校企合作松散的问题。

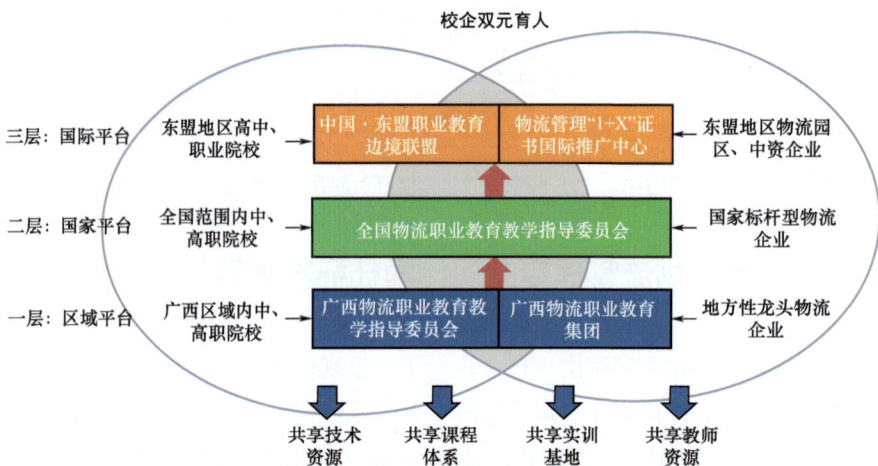

图3-15 "双元四共"现代学徒制一体化运行平台

四、创新"四方一证双主体培养、一企一策弹性学分制"的现代学徒制人才培养模式

创新"四方一证双主体培养、一企一策弹性学分制"的现代学徒制人

才培养模式，如图 3-16 所示。

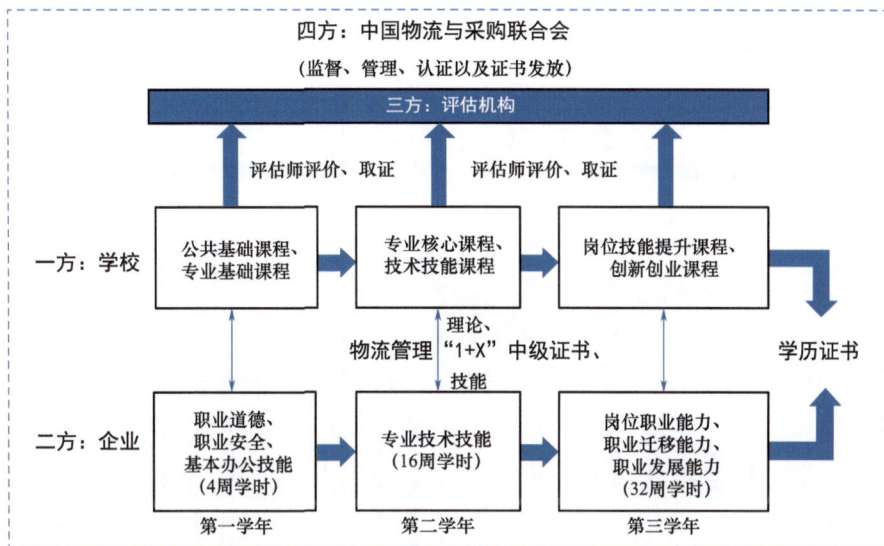

图 3-16 "四方一证双主体"学徒制人才培养模式

首先，"四方一证双主体"筑造协同育人生态。行业、学校、企业、第三方评估机构四方协同，联合开展现代学徒制人才培养试点。中国物流与采购联合会全程指导现代学徒制培养，广西职业技术学院与南宁景通物流有限公司、上海顶实仓储有限公司广州分公司等企业"双主体"联合培养现代学徒，由上海环众物流有限公司对现代学徒培养的质量进行监督与评价。四方分工明确，合作紧密，提高了现代学徒制人才培养的科学性和合理性。

其次，实行一企一策弹性学分制，创新管理手段。学徒培养目标以符合企业岗位需求的物流管理"1+X"职业技能等级证书（中级）标准为主，培养期限为 1 年到 2 年，特殊情况可延长到 3 年。按照企业业务特色采取弹性学制和学分制等管理手段，按照"一企一策"开展学徒培训。

五、重构"二元三段四模块"的现代学徒制课程体系

"二元三段四模块"的现代学徒制课程具有以下特点，如图 3-17 所示。

"学徒"→"职业能力"模型

职业经验

准员工—正式员工

职业综合和系统

准员工—准学徒

职业细节和功能

学生—学徒

职业适应和概览

学生—学徒

职业素养

"1+1"学徒培养阶段（2年期）

◆ A、B为现代物流管理专业学徒"校选"课程包
◆ 根据岗位、学徒学习与"企选"能力模块及单元

专业拓展模块

定岗专训：国际货运代理

岗位轮训、定岗专训：外贸业务员、跟单员、单证员

岗位轮训、定岗专训：仓管员、调度员、物流销售、物流客服

岗位专训、定岗专训：品检技术员、农产品加工员、食品安全现场管理师

[二选一考1证书]

专业核心模块

A 课程包
智慧仓储运营、智慧配送运营、物流运输系统规划与设计

B 课程包
物流成本与绩效管理、物流营销与客户关系、采购与供应管理

专业基础模块

现代管理方法、货物学、物流信息技术、物流法律法规

国际货运代理模块：进出口货物流、报检业务实务、商品归类实务

跨境物流模块：国际贸易理论与实务、国际货运代理实务、集装箱运输实务

冷链物流模块：农产品冷链物流、冷链物流质量管理与系统、冷链供应链运营

食品质量控制模块：食品安全与质检技术、食品营养检验、食品仓储与保鲜技术

平台基础 3+1

物流项目运营

平台核心 3+1

智慧物流与供应链基础、数字化物流商业运营、数字化供应链运营

"2"—职业能力 纵深和延伸

"5"—五育并举

"2+5"公共基础模块

数字化素养、大学数学、基础英语、大学计算机基础、办公自动化高级应用

自我管理与发展、大学生职业发展、职业规划与创业就业指导、创新创业实践、大学生心理健康教育、安全教育

创业教育、大学生创业基础、创新创业实践、健康跑模块、健康测试模块

体育：体育八段锦模块、健康跑模块、体能测试模块

美育：美育公共选修课、商务礼仪

劳育：6S管理模块、校园清洁与生活、校园劳动模块、储存分类模块、储存回收物物流模块

德育：思想道德与法治、习近平新时代中国特色社会主义思想概论、毛泽东思想和中国特色社会主义理论体系概论、形势与政策、中国近现代史纲要、四史、大学生军事课、国家安全教育

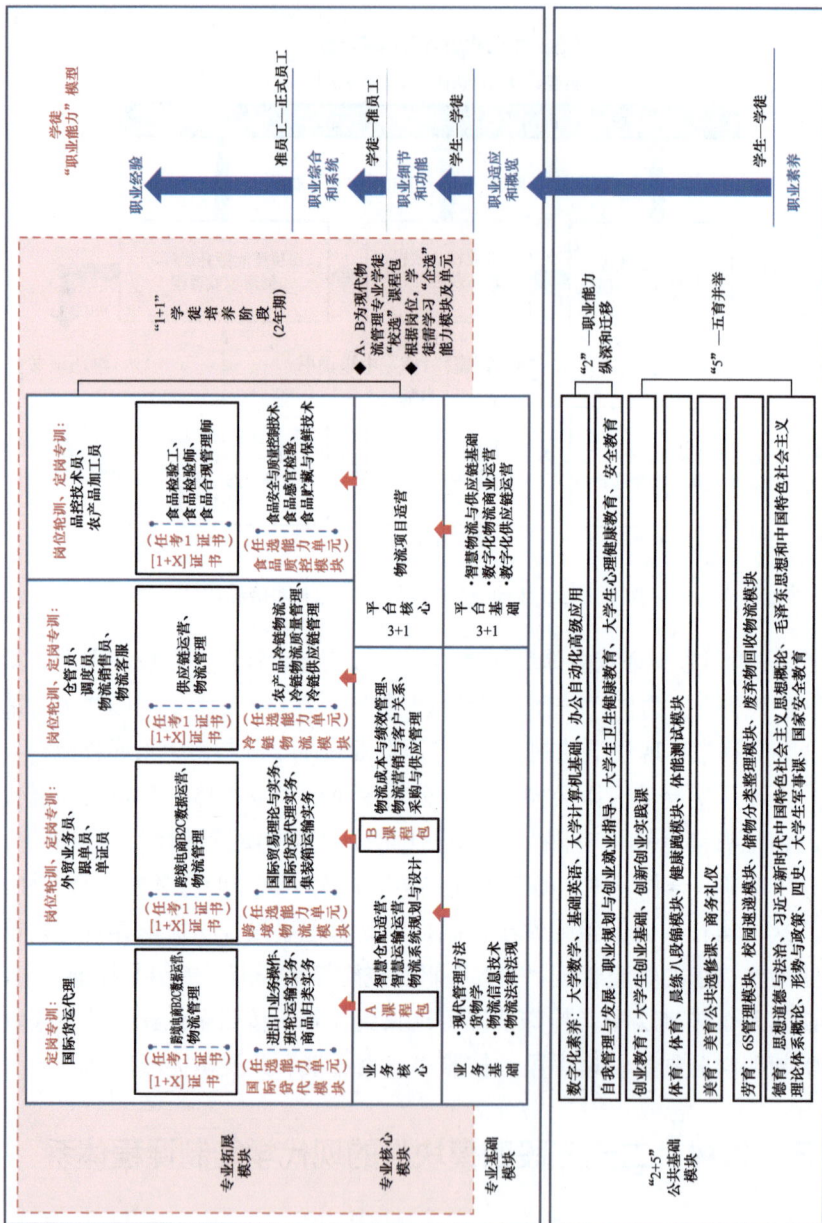

图3-17 "二元三段四模块"的现代学徒制课程体系

一是按照职业领域的生产过程、服务流程和技术创新要求来设计现代学徒制课程体系，确定"二元三段四模块"课程体系，即学校课程体系和企业课程体系二元，工学交替、企业轮岗和企业定岗三段，公共基础、专业基础、专业核心和专业拓展四模块。通过数字化物流商业运营、数字化供应链运营等"3+1"平台课程帮助学生培养解决数字化应用场景下复杂物流问题的能力；核心课程中，主动对接地方产业的新业态，对传统课程进行改造升级，如"智慧仓配运营""智慧运输运营""物流成本与绩效管理"等。

二是按照企业业务特色采取弹性学制和学分制等管理手段，依托"1+X"证书制度开展学徒培训。对应企业不同需求和学生个性特点的分析，从学徒制标准的 80 个任选能力单元中灵活组配，搭建能力模块，开展线上线下混合式教学改革，实现模块间教学分工协作。

六、设计"三阶三维、终身成长"的现代学徒制评价体系

"三阶三维、终身成长"的现代学徒制评价体系具有如下特点，如图 3-18、图 3-19 所示。

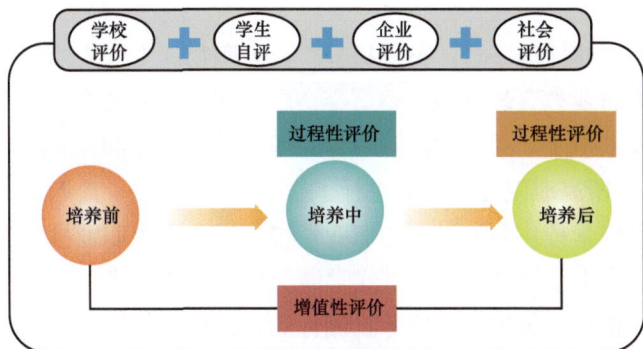

图 3-18 "三阶段、三维度、四主体"的物流管理专业现代学徒制质量评价体系

一是运用质量管理、项目管理等现代管理理论，进行现代学徒制的改革实践。

二是通过"物流管理专业现代学徒成长管理平台"进行证据"留痕"和关联分析，构建学生、学校、企业和社会四方共同参与的，贯穿现代学

徒制培养前、培养中和培养后三个阶段，涵盖人才培养过程性、结果性和增值性评价的"三阶段、三维度、四主体"的物流管理专业现代学徒制培养质量评价体系。

图3-19　物流管理专业现代学徒成长管理平台

七、搭建线上线下并行的三层式现代学徒制推广平台

首先，搭建区域平台，整体提升广西高职物流专业人才培养质量。借助广西物流职业教育教学指导委员会、广西物流职业教育集团平台优势，广西职业技术学院陆续将物流管理专业现代学徒制标准体系对广西壮族自治区内10余所高职院校和企业进行了推广应用。此外，广西职业技术学院还与广西物资学校、防城港理工职业学校、崇左中等职业技术学校等中职学校共同探索出了"中高职一贯式学徒制培养"新模式。

其次，搭建全国平台，服务物流行业、标杆物流企业发展。全国物流职业教育教学指导委员会将广西职业技术学院制定的物流管理专业现代学徒制标准向国内近50所职业院校进行了推广，广西壮族自治区内外采用广西职业技术学院制定的现代学徒制标准体系培养现代学徒的学生数量近2 000人，苏宁物流、菜鸟网络、顺丰速运、圆通、万纬冷链等行业头部企业主动对接广西职业技术学院开展现代学徒制项目。

最后，搭建国际平台，助推中国特色现代学徒制走出去。凭借广西毗邻东盟的区位优势，充分利用中国–东盟边境职业教育联盟平台、物流管理1+X证书国际推广中心，向越南谅山高等师范专科学校、南北江阮秉谦职业高中等东盟国家的院校推广中国特色物流管理学徒制标准体系。

八、融合现代学徒制标准与 X 证书标准

作为近年来教育部主推的教学改革措施，现代学徒制和1+X证书制度都是基于企业典型工作任务的能力需求的，两者存在诸多相通的地方，因此在执行中都需要企业的大力参与，通过校企合作共同培养满足企业特定岗位需求的复合型技术技能人才。作为国家首批现代学徒制试点院校、物流管理1+X职业技能等级证书首批试点院校，在中国物流与采购联合会、全国物流职业教育教学指导委员会、北京中物联物流采购培训中心的共同指导下，广西职业技术学院积极将两者进行整合，将北京中物联物流采购培训中心发布的物流管理1+X职业技能等级证书的证书标准融入现代学徒制的标准体系、课程体系，形成具有广西职业技术学院特色的现代学徒制人才培养体系。

依托试点成功经验，广西职业技术学院向越南谅山高等师范专科学校、南北江阮秉谦职业高中推广中国特色物流管理学徒制标准体系，如图3–20～图3–23所示。

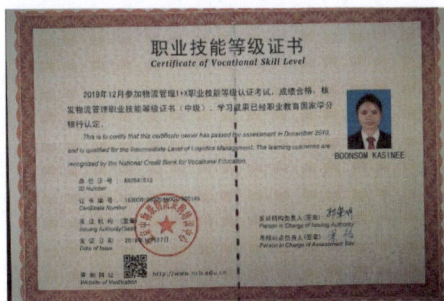

图 3–20　留学生考取物流管理
"1+X"证书（中级）

图 3–21　留学生辛迪获技能竞赛三等奖

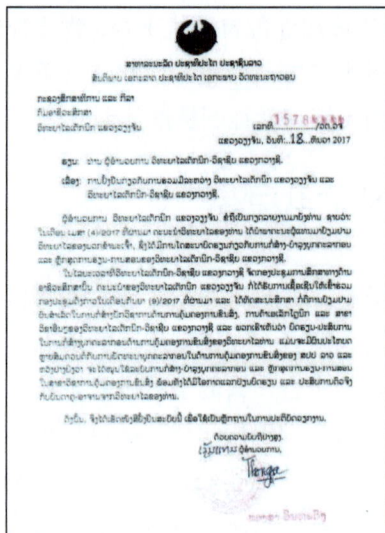

图 3-22 现代学徒培养标准在老挝巴巴萨技术学院推广

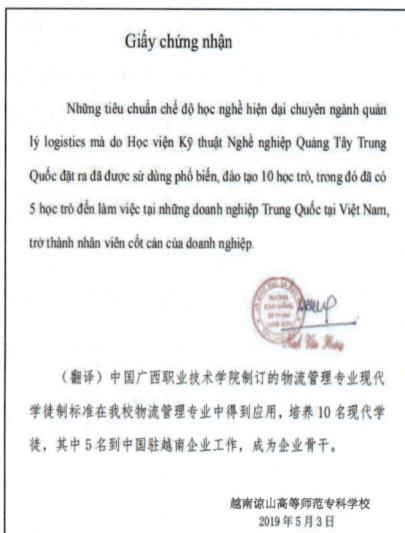

Giấy chứng nhận

Những tiêu chuẩn chế độ học nghề hiện đại chuyên ngành quản lý logistics mà do Học viện Kỹ thuật Nghề nghiệp Quảng Tây Trung Quốc đặt ra đã được sử dụng phổ biến, đào tạo 10 học trò, trong đó đã có 5 học trò đến làm việc tại những doanh nghiệp Trung Quốc tại Việt Nam, trở thành nhân viên cốt cán của doanh nghiệp.

（翻译）中国广西职业技术学院制订的物流管理专业现代学徒制标准在我校物流管理专业中得到应用，培养 10 名现代学徒，其中 5 名到中国驻越南企业工作，成为企业骨干。

越南谅山高等师范专科学校
2019 年 5 月 3 日

图 3-23 现代学徒制标准在越南谅山高等师范专科学校的应用及教学推广

第四节 广西职业技术学院物流类专业中国特色学徒制成果

一、理论成果

（一）立项中国特色学徒制相关课题

围绕现代学徒制的课题研究，广西职业技术学院物流类专业教师共立项现代学徒制相关课题 11 项，其中教育部课题 1 项、市厅级以上课题 9 项、校级课题 1 项，如表 3-1 所示。

表 3-1　广西职业技术学院各类课题一览表

序号	开始时间	结束时间	教改课题名称	立项单位	负责人
1	2017.01	2018.12	制度经济学视阈下现代学徒制的推进路径研究	广西职业技术学院	史洪波
2	2017.12	2019.12	三方共建物流管理专业现代学徒制双标准课程体系的研究与实践	广西壮族自治区教育厅	杨清
3	2017.12	2019.12	中英现代学徒制人才培养标准推广的研究与实践——以高职物流管理专业为例	广西壮族自治区教育厅	李飞诚
4	2017.12	2019.12	现代学徒制人才培养机制创新研究	广西壮族自治区教育厅	蒋贻杰
5	2017.12	2019.12	现代学徒制教学质量保障体系建设的研究与实践	广西壮族自治区教育厅	黄海珍
6	2017.12	2019.12	现代学徒制人才培养模式下高职生关键能力培养研究与实践——以广西职业技术学院为例	广西壮族自治区教育厅	黄丹
7	2018.01	2020.12	物流管理专业现代学徒制标准体系构建研究	教育部	吴砚峰
8	2022.04	2024.04	"学徒制"背景下物流企业人才培养的研究	中国物流协会	盛舒蕾
9	2020.07	2022.07	中英现代学徒制课程标准体系建设的实践研究——以物流管理专业为例	广西壮族自治区教育厅	吴砚峰
10	2021.01	2022.12	现代学徒制中新生代员工价值观对师徒功能有效性影响研究——以广西德邦物流有限公司为例	广西壮族自治区教育厅	李涛
11	2024.03	2026.03	广西高职院校新型学徒制背景下的"双主体"育人模式研究	广西壮族自治区人社厅	沈斌

（二）发表中国特色学徒制相关论文

围绕现代学徒制的中外对比、制度建设、标准体系构建、学徒培养模式、企业参与动机、激励机制等展开研究，广西职业技术学院物流类专业教师公开发表现代学徒制相关论文 22 篇，其中北大核心期刊论文 4 篇，如表 3-2 所示。截至 2024 年 10 月 20 日，这些论文在中国知网平台被下载 4 000 多次，被引用近百次，为其他学者开展现代学徒制研究提供了较高的借鉴价值，对促进现代学徒制的实施发挥了一定的作用。

表 3-2　广西职业技术学院发表的中国特色学徒制相关论文

序号	论文名称	作者	期刊名称	发表日期
1	面向东盟培养区域特色物流专业人才的探索	李卫东，吴砚峰	中国职业技术教育	2018.1
2	英法两国现代学徒制的比较与启示	吴砚峰	广西职业技术学院学报	2018.6
3	基于人力资本投资视角的现代学徒制制度供给	史洪波等	成人教育	2018.9
4	企业参与现代学徒制的制度保障机制建设——以广西职业技术学院物流管理专业为例	史洪波	高教论坛	2018.11
5	高职院校物流管理专业现代学徒制培养的实践探索	刘雪梅等	广西教育	2021.4
6	中外现代学徒制发展研究综述与展望	吴砚峰	广西职业技术学院学报	2021.10
7	高职现代物流管理专业现代学徒制标准体系构建	吴砚峰	物流技术	2021.12
8	企业参与现代学徒制人才培养的动机分析与对策研究	李爱雄等	广西职业技术学院学报	2023.6
9	基于生态系统理论的现代学徒制人才培养研究	李飞诚	广西职业技术学院学报	2023.6
10	物流管理专业现代学徒制人才培养模式研究与实践——以广西职业技术学院为例	陈艺璇	大学教育	2023.9

（三）校企合作开发新型教材

围绕现代学徒制人才培养，广西职业技术学院通过校企合作开发《物流营销实务》《冷链运输》等教材 29 部。其中《物流信息技术（第四版）》入选"十四五"职业教育国家规划教材，获中国物流学会第八届"物华图书奖"二等奖；该教材累计印量超过 9.1 万册，销售 8.44 万册，被北京财贸职业学院等 100 多所高职院校、广州市技师学院等 31 所中职院校、暨南大学等 27 所本科院校选为教材；被辽宁省图书馆、陕西科技大学图书馆等 15 个省级图书馆和高校图书馆选为馆藏图书。《农产品冷链物流》《冷链物流质量管理》2 部教材被评为广西壮族自治区"十四五"职业教育规划教材，如表 3-3 所示。

表 3-3　校企合作开发的新型教材一览表

序号	名称	教材类别	书号	作者	出版社	出版时间
1	《物流信息技术（第四版）》	"十四五"职业教育国家规划教材	9787040550429	吴砚峰	高等教育出版社	2021.2
2	《冷链物流质量管理》	广西壮族自治区"十四五"职业教育规划教材	9787559853608	尚书山	广西师范大学出版社	2022.9
3	《农产品冷链物流》	广西壮族自治区"十四五"职业教育规划教材	9787512118843	吴立鸿	广西师范大学出版社	2022.9
4	《现代物流业态》	新形态	9787559853462	吴砚峰	广西师范大学出版社	2022.9
5	《冷链供应链管理》	新形态	9787559855497	陈艺璇	广西师范大学出版社	2022.9
6	《现代物流概论》	活页式	9787512147751	吴砚峰	北京交通大学出版社	2022.8

续表

序号	名称	教材类别	书号	作者	出版社	出版时间
7	《物流市场营销》	活页式	9787512126862	余丽燕	北京交通大学出版社	2022.8
8	《国际货运代理实务》	活页式	9787512147706	李飞诚	北京交通大学出版社	2022.8
9	《冷链运输》	活页式	9787512155626	尚书山	北京交通大学出版社	2022.8
10	《物流企业模拟实践》	工作手册式	9787512147829	申会明	北京交通大学出版社	2022.8
11	《物流管理信息系统》	工作手册式	9787512147805	蓝程杰	北京交通大学出版社	2022.8
12	《叉车实训》	工作手册式	9787512147867	尚书山	北京交通大学出版社	2022.8
13	《ERP 原理及实训》	工作手册式	9787512119055	苏慧	北京交通大学出版社	2022.7
14	《第三方物流实务》	工作手册式	9787512129306	李卓凡	北京交通大学出版社	2022.8
15	《物流法律法规及政策》	工作手册式	9787512129290	吴砚峰	北京交通大学出版社	2022.8
16	《运输管理实务》	普通	9787512127777	尚书山	北京交通大学出版社	2016.6

续表

序号	名称	教材类别	书号	作者	出版社	出版时间
17	《农产品检验与物流安全》	普通	9787568251174	吴砚峰	北京理工大学出版社	2018.9
18	《港口物流管理实务》	普通	9787512127159	吴砚峰	北京交通大学出版社	2016.4
19	《物流汉语》	物流管理"1+X"证书制度系列教材	9787549989829	吴砚峰	江苏凤凰教育出版社	2021.10

（四）构建了中国特色学徒制标准体系

本土化改造国外先进标准，制订了"三个维度"中国特色的物流管理专业现代学徒制标准体系，其中 5 项标准成为广西标准化协会团体标准。与中国物流与采购联合会、全国物流管理职业教育教学指导委员会联合发布 7 项现代学徒制标准。

1. 地方团标：现代物流管理专业　现代学徒制合作企业等级划分

从物流企业等级、岗位师徒比例、学徒培养项目、学徒培养周期、学徒管理制度、企业安全管理制度、学徒工资占同岗位工资比例、人均学徒培养经费使用比例、企业对学徒的补贴情况、学徒轮岗岗位数、学徒年增量等 11 个维度对参与现代学徒制的合作企业进行等级划分：50～59 分为一星级现代学徒制合作企业；60～69 分为二星级现代学徒制合作企业；70～79 分为三星级现代学徒制合作企业；80～89 分为四星级现代学徒制合作企业；90～100 分为五星级现代学徒制合作企业。

2. 地方团标：现代物流管理专业　现代学徒制学校导师专业能力要求

从教师的职业道德、基本要求、必备条件、拓展条件、专业能力等方面对现代学徒制学校导师专业能力进行规定。学校导师应胜任学徒教学工作，能独立开展物流领域相关研究工作，并对学徒进行专业指导。其必备条件包括：具有高校教师资格；具有高校教师系列（含实验系列）中级及以上专业技术职称；具有物流类专业或相近专业非教师系列初级及以上专业技术职称，或具有物流类专业或相近专业初级及以上"双师型"教师应具备的职业资格证书；从事物流专业课程教学累计满 3 年，并曾独立承担物流专业或相近专业实践教学任务 1 年或实训课程 1 门。除必备条件外，还需要至少符合具有物流专业或相近专业非教师系列中级及以上专业技术资格；有 5 年以上在企业从事物流专业技术工作经历等 6 项拓展条件中的一项。

3. 地方团标：现代物流管理专业　现代学徒制企业导师专业能力要求

企业导师首先应具备强烈的使命感、责任感、专业认同感和专业发展志向；爱岗敬业、忠于职守；遵纪守法、服从指令；勤学苦练、钻研业务；诚实礼貌、周到服务；及时准确、规范操作；团结协作、讲求效率；树立终身学习理念；树立改革创新意识；热爱和尊重学徒，富有爱心、责任心、耐心和细心；严格遵守国家相关法律法规和职业道德，个人征信记录良好等。其次，根据仓储管理类岗位、运输管理类岗位、物流销售管理类岗位、物流客户服务管理类岗位、车间管理类岗位、货运代理类岗位、物流数据分析类岗位、物流设备运维类岗位等现代物流管理领域的 8 种主要岗位，从专业资格和专业能力角度对岗位的要求进行了明确。

4. 地方团标：现代物流管理专业　现代学徒制学徒准入规范

第一，学徒需要拥护党的基本路线，树立正确的世界观、人生观、价值观；具有良好的社会公德和职业道德；爱岗敬业，具有质量意识、环保意识、安全意识、信息素养、工匠精神、创新思维；除具备良好的心理素质外，还具有一定的思想政治理论知识、科学文化基础知识和中华优秀传统文化知识。

第二，学徒需要具有本专业必备的基础知识和基本理论，如物流管理基础知识、管理学基础知识、会计原理与实务知识、物流管理信息系统知识、人力资源管理知识、运输知识、仓储知识、配送知识、物流法律法规知识；完成第一学年学习任务，且各门课程考核全部合格等。

第三，学徒应在基本理论课程学习结束后，掌握一定的专业基本技能、物流管理领域主要岗位知识。

第四，还对学徒准入流程进行规范，必须包括申请—审核—考核—确定岗位—签订协议等流程。

5. 地方团标：现代物流管理专业　现代学徒制学徒出师要求

出师的学徒首先需要具有良好的思想品德和扎实的理论知识。

其次，出师的学徒需要具备一定的外语水平、计算机应用能力与沟通交流能力；掌握常用办公软件应用能力，具有良好的写作能力；具有良好的组织、沟通、协调能力，独立工作能力强，能承受较大的工作压力；具有较强的团队合作精神和人际沟通能力；具有自主学习能力、从实际出发分析问题与解决问题的能力；了解企业文化和组织结构，遵守职业道德准则和行为规范，具备社会责任感和担当精神；熟练掌握与本专业相关的国家法律、行业规定；掌握绿色生产、环境保护、安全防护、质量管理等相关知识与技能。

最后，根据现代物流管理领域的 8 种主要岗位，从岗位能力角度对学徒出师进行了明确要求。

6. 行业标准：物流现代学徒制实施要求　术语

对现代学徒制的基本术语；组织术语，如利益相关方、学徒、企业导师、评估师、外审员、管理机构、培训机构、合作机构等；活动术语，如项目启动、项目实施、项目评估、证书管理等进行了清晰的界定。

7. 行业标准：物流现代学徒制实施要求　管理机构要求

项目管理单位要求为县级以上（含县级）的行政管理部门或省一级以上（含省级）的行业协会；应具备下达项目实施的行政职能或组织开展行业项目实施的行业管理职能，能通过行政体系或行业管理职能组织开展项目实施与推广；应配备与物流现代学徒制项目管理匹配的机构或成员角色，其中项目专家组主要负责项目总体设计、相关文件与标准的编制与修订、管理流程设计等，项目管理员主要负责项目申请审核、项目各阶段过程管理、证书管理、各利益相关方协同等；应提供与物流现代学徒制项目实施相关的标准、实施方案、管理流程、项目相关的证明（证书）、评估标准与流程等资源。

8. 行业标准：物流现代学徒制实施要求　培训机构要求

培训机构应当具备法人条件，经营范围包括教育服务或培训服务；培训机构应配备与物流现代学徒制项目实施相匹配的机构或成员角色，如项目负责人、项目教师、项目支持人员、评估员等；培训机构应提供适宜物流现代学徒制项目实施的学习环境；培训机构应提供物流现代学徒制项目实施的教材或讲义、教学资源、教学设施与设备，应具备实操实训相关设备或模拟（练习）系统；培训机构应提供物流现代学徒制项目实施管理平台，充分利用信息技术开展过程管理、教学（培训）与考核、教学资源管理、人员管理、反馈与评价等工作；培训机构应按照项目教学（培训）方案对学徒、师资、合作机构进行考核；培训机构应建立项目实施动态监控和反馈机制，确保各利益相关方在项目设计、项目启动、教育（培训）实施、考核与评价、项目发展等全过程均有通畅的反馈渠道和处理机制，确保项目的实施质量。

9. 行业标准：物流现代学徒制实施要求　第三方评估机构要求

第三方评估机构应当具备开展物流现代学徒制项目评估能力的企事业单位或专家组织机构，企事业单位应当具备法人条件，经营范围包括评估相关服务；第三方评估机构应配备与物流现代学徒制项目实施相匹配的机构或成员角色，如项目负责人、外审员等；第三方评估机构应根据物流现代学徒制项目实施基本要求，根据管理机构确定的项目实施目标，与管理机构确认评估需求，主要内容包括但不限于评估目的、评估对象、评估流程、评估所用的方法与工具、评估结果的交付等；第三方评估机构应对项目评估效果进行总结，开展内外部评价，提出改进方案和措施，确保评估得到持续改善。

10. 行业标准：物流现代学徒制实施要求　合作机构要求

合作企业应当具备法人条件，具备一定规模且守法、诚信经营 3 年以上、用工规范的企事业单位，2 年内未发生生产安全、环保和其他违法事件，未被纳入失信企业名单；合作企业应建立职工培训和员工职业发展规划相关制度，具备开展企业培训课程开发、内训组织、培训考核评价等相关能力；合作企业应配备与物流现代学徒制项目实施相匹配的机构或成员，如项目负责人、企业导师、项目支持人员等；合作企业应提供适宜物流现代学徒制项目实施的学习环境；合作企业应提供物流现代学徒制项目实施相关的企业管理制度、作业流程、企业内训课程等文件和资源，与培训机构共同开发相应的教材、教学资源，提供真实的工作所需的设施与设备；合作企业应根据物流现代学徒制项目实施的基本要求，结合自身人才培养需求和企业发展规划，就具体项目的需求与各利益相关方进行对接；合作企业应对项目实施效果进行总结，开展内外部评价，提出改进方案和措施，确保项目得到持续改善。

11. 行业标准：物流现代学徒制实施要求　培训课程要求

物流现代学徒制培训课程的开发应基于现行国家标准和行业标准，由培训机构和合作机构共同开发，要适应以师带徒为主要教育关系、以在工作场所学习为主要学习方式的培养要求；课程应基于学徒岗位标准和专业培养目标，依据项目教学大纲和考核大纲进行开发，应该包括岗位技能要求与职业素养以及专业职业能力与素养等内容；课程开发团队由培训机构的教学师资和评估师、合作机构的企业导师、课程制作人员及其他相关人员共同组成；课程开发团队应在课程实施和课程交付后开展评价工作，形成课程改进方案，持续提高课程质量。

12. 行业标准：物流现代学徒制项目实施要求

物流现代学徒制项目实施应满足国家现代学徒制试点工作的要求；项目实施原则上包括项目需求调研与项目设计、项目申报与审批、学徒培养与考核、项目结项、项目改善五个阶段；项目实施需要各利益相关方共同参与，由管理机构负责总体管理，培训机构作为项目申报、实施和结项主体，合作机构作为项目主要参与方；项目实施要充分利用信息技术和信息平台对项目进行数据管理、过程管理、资料存储、信息查询等操作。

二、实践成果

（一）中国特色学徒制人才培养成效

2018年，广西职业技术学院首批物流管理现代学徒制试点专业以"优秀"等级通过教育部验收。参与学徒制培养的学生均通过学徒制考核，获得由中国物流与采购联合会颁发的物流师（助理级）职业能力等级证书。

根据中国科教评价网发布的 2024—2025 年高职院校分专业排行榜，广西职业技术学院现代物流管理专业在全国排名第 6，水平等级达 5 星；物流工程技术专业在全国排名第 4；供应链运营专业在广西壮族自治区排名第 2。物流类专业毕业生在近 5 年的平均就业率达到 91.4%，2024 届毕业生就业率为 94.3%，远远超过广西壮族自治区的高校毕业生就业率平均水平。

（二）学生获奖

广西职业技术学院物流类专业教师指导学生参加各类技能比赛和创新创业比赛，学生获自治区级及以上奖项 118 项，其中全国职业院校技能大赛一等奖 5 项。部分获奖证书如图 3-24 所示。

图 3-24　学生获奖证书

（三）教师获奖

2008 年，广西职业技术学院物流管理专业教学团队被认定为自治区级优秀教学团队，现代物流管理专业教学团队于 2022 年入选自治区高校黄大年式教师团队，2023 年获首批国家级职业教育教师教学创新团队称号；现代物流管理专业现有广西教学名师 1 人、广西技术能手 3 人、广西高等学校创先争优优秀共产党员 1 人、广西先进工作者 1 人、全国物流职业教育教学名师 1 人，高级物流服务师、供应链管理师 11 人；专业教学团队教师获自治区级及以上教学、技能比赛奖励 50 余项。部分荣誉证书如图 3-25 所示。

图 3-25　广西职业技术学院物流管理专业教学团队部分荣誉证书

三、成果获奖

广西职业技术学院物流管理专业现代学徒制试点获奖成果如下。

（一）教学成果获奖

1. 广西职业教育自治区级教学成果一等奖

广西职业教育自治区级教学成果一等奖，如图 3-26 所示。

图 3-26　广西职业教育自治区级教学成果一等奖证书

2. 全国物流职业教育教学成果一等奖

全国物流职业教育教学成果一等奖，如图 3-27 所示。

图 3-27　全国物流职业教育教学成果一等奖证书

（二）入选教育部产教融合典型案例

广西职业技术学院撰写的《夯平台 定标准 育人才：助推东盟物流发展，实现中国特色学徒制标准"走出去"》被中国教育发展战略学会收录为典型案例，如图 3-28 所示。

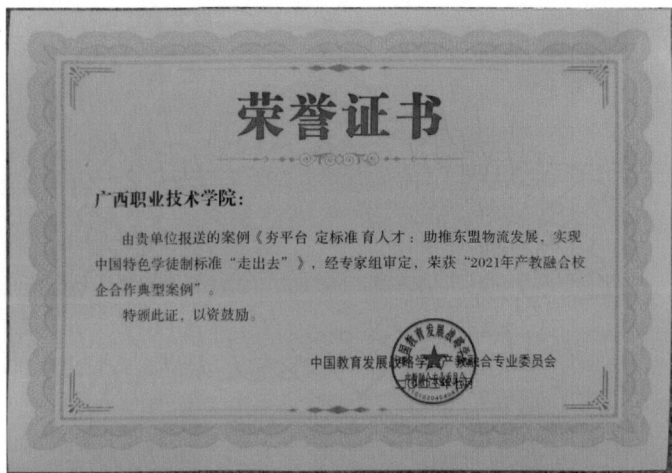

图 3-28　广西职业技术学院入选教育部产教融合典型案例的荣誉证书

四、成果的推广与应用

（一）主流媒体新闻报道

广西职业技术学院物流类专业学徒制的做法与经验被《现代物流报》、《中国教育报》、新华社广西频道、现代高等职业技术教育网、广西八桂职教网等主流媒体报道。

1.《现代物流报》新闻报道

《现代物流报》新闻报道如图 3-29、图 3-30 所示。

(物流管理现代学徒制团体标准通过专家审定)

标准制定，抓实人才培养

"广西职院"[1]物流管理专业对学徒制培养模式的探索开始于2012年。

那一年，物流管理专业与10多家优质企业联合开展"订单式"人才培养业务，探索以师带徒的人才培养模式，初步建立了现代物流学徒制标准的雏形。

2014年，"广西职院"携手中国物流与采购联合会、上海环众物流有限公司、广西德邦物流有限公司共同打造"四方协同、双主体培养、第三方监管"的现代学徒制人才培养联盟体，引进英国现代学徒制标准，按照我国物流行业实际情况及未来发展趋势进行现代物流学徒制的本土化改造，以最大限度实现"产教融合"。

2015年8月，"广西职院"物流管理专业被确立为教育部首批现代学徒制试点专业后，以"准入、培养、出师"三维循序递进的人才培养思路为导向，与联盟体共同研发了现代学徒制合作企业准入标准、学徒出师标准等300项条款的10个标准，并在广西德邦物流有限公司开展首批10名学徒的联合培养。

2017年，"广西职院"依托广西的地缘优势和"中国-东盟边境职业教育联盟"、"物流管理"1+X"证书国际推广中心"平台优势，在东盟留学生中尝试推行现代物流学徒制培养模式。

图3-29　物流管理专业现代学徒制团体标准通过专家审定，指导人才培养

---

① 本处的"广西职院"为"广西职业技术学院"，下同。

(物流管理"1+X"证书国际推广中心授牌)

自2018年"广西职院"首批物流管理现代学徒制试点专业以"优秀"等级通过教育部验收后，"广西职院"率先将10个标准中的5项标准转化为团体标准，并被国内34所职业院校和7家企业，东盟国家的11所院校及6家企业采纳。

标准领跑，赋能专业发展

"广西职院"是该团体标准开发编写的首倡者。该团体标准总结了"广西职院"在物流管理现代学徒制培养过程中的实践成果，吸纳参研单位推广经验和专家反复研讨论证的建议与意见而进行开发的。

该项团体标准具有先进性和广泛性，对于国内、外职业院校和企业开展面向物流管理的现代学徒制培养有着十分重要的实践指导意义和推广应用价值。尤其是在学徒培养过程监督与质量考核这一关键问题上，标准中提出了评价的参照、取证的办法、行为的守则，建立"三阶段、三维度、四主体"的评价体系，对人才培养进行过程性、结果性和增值性三类评价，人才培养质量得以不断提升。

2022年，"广西职院"获得全国职业院校技能大赛高职组智慧物流作业方案设计与实施比赛一等奖；广西职业院校技能大赛智慧物流作业方案设计与实施项目高职组团体比赛一等奖；第十届"挑战杯"广西大学生创业计划竞赛金奖。2021届毕业生X证书通过率达80.56%，毕业生就业率从2018年的91%增长到2021年96.21%。

学徒制标准的运用，伴随着"广西职院"在国际化的进程中，走出来一条特色路子。

"广西职院"运用标准开展东盟国家留学生教育、中资物流企业员工培训，并以此驱动了物流管理1+X证书的推广和国际认证。

借鉴国内标准推广使用的成功经验，凝练有效推进"走出去"的国际化技能人才培养培训模式，一方面体现了"广西职院"持续探索物流管理学徒培养不断取得重要成果，另一方面也极大提升了"广西职院"发展的国际化影响力和辐射力，彰显"广西职院"在发展国际化的担当和实力。（陈艺璇）

图3-30　标准领跑，赋能专业发展

2.《中国教育报》新闻报道

《中国教育报》新闻报道如图 3-31～图 3-33 所示。

图 3-31　广西职业技术学院：为现代物流学徒制人才培养嵌入"技能心"（一）

该校以物流管理、电子商务、数字传媒艺术设计为核心专业，积极筹建物流工程专业群，岗位对应技术图谱，形成模块化课程链。物流管理专业现代学徒制面向物流、商流、资金流和信息流四流合一产业生态，随之树立起"首岗适应、多岗迁移、持续发展"的培养理念，形成专业链和岗位链。2019年，该校物流管理专业将"X"证书所承载的职业技能等级标准与考核相衔接，形成评价链。随后，该校以物流管理专业现代学徒制标准为起点，牵头和参与制定4项国家专业教学标准，参与开发的2项国家职业标准和1项1+X职业技能等级证书标准，共同构成标准链。

至此，该校的物流管理专业现代学徒制形成"五链相连"成熟机制。依托"五链相连"机制，该校构建"校内实训平台—校内工坊—企业实践教学基地—企业顶岗实践"职场培养阶段，帮助学生完成学生、学徒、准员工、员工身份的转变。

"互联网+"保"初心"。"学生的学习与成长轨迹，我们通过平台可以科学分析出来。"该校物流学院有关负责人介绍，学校打造"物流管理专业现代学徒成长管理平台"，分析学徒社会沟通、技术技能、学科知识、数字素养和价值塑造五维成长轨迹，实现培养过程问题分析与科学决策同频共振，以适应物流行业数字化变革及更高层次教育培训需求。

2020年起，该校物流管理专业学徒培训环节受到了疫情影响，"互联网+"形式在培养与评价方面的介入度更为深刻：物流管理专业依托3个国家级专业教学资源库、1个自治区级专业教学资源库、1个自治区级虚拟仿真实训基地，创设了集虚拟仿真、虚拟现实技术和数字化资源于一体的新型学习载体，赋了予物流管理专业现代学徒制新的生命。

如今，依托"互联网+"技术支撑，该校实现了对现代学徒制培养前、培养中和培养后三阶段的全过程监控，建立了"三阶段、三维度、四主体"的物流管理专业现代学徒制培养质量评价体系，对人才培养进行过程性、结果性和增值性三类评价，人才培养质量不断提升。

因为人才培养嵌入了"技能心"，该校不断取得育人佳绩。2021年，该校推出的智慧物流作业方案设计与实施项目荣获广西职业院校技能大赛高职组团体比赛一等奖；2021年该校毕业生X证书通过率达80.56%，学生就业率从2018年的91%增长到2021年96.21%；今年该校参加全国职业院校技能大赛获高职组智慧物流作业方案设计与实施比赛一等奖。

图3-32　广西职业技术学院：为现代物流学徒制人才培养嵌入"技能心"（二）

该校的自治区级虚拟仿真实训基地。学校供图

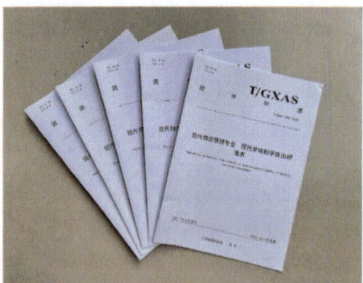

该校发布的物流管理专业现代学徒制团体标准。学校供图

该校的物流管理1+X国际推广中心授牌仪式。学校供图

推荐阅读

学党史 悟思想 办实事 开新局

中国共产党百年政治智慧·精神谱系

总书记关心的教育事

图3-33　广西职业技术学院：为现代物流学徒制人才培养嵌入"技能心"（三）

3. 新华社广西频道新闻报道

新华社广西频道新闻报道可扫描右侧二维码。

4. 现代高等职业技术教育网新闻报道

现代高等职业技术教育网新闻报道如图 3-34～图 3-37 所示。

图 3-34 广西职业技术学院为现代物流学徒制人才培养模式嵌入"技能中国心"

物流管理"1+X"国际推广中心授牌

2017年，学校依托广西的地缘优势和"中国-东盟边境职业教育联盟"、"物流管理'1+X'证书国际推广中心"平台优势，在东盟留学生中尝试推行现代物流学徒制培养模式。

自2018年学校首批物流管理专业现代学徒制试点专业以"优秀"等级通过教育部验收后，学校率先将10个标准中的5项标准转化为团体标准，并被国内34所职业院校和7家企业，以及东盟国家的11所院校和6家企业采纳。

五链相连护"匠心"

学校响应教育部出台的《关于深化职业教育教学改革全面提高人才培养质量的若干意见》文件精神，以物流管理、电子商务、数字传媒艺术设计专业为核心专业，积极筹建了物流工程专业群，编制了岗位对应的技术图谱，形成模块化课程链。物流管理专业现代学徒制面向物流、商流、资金流和信息流"四流合一"的产业生态，随之树立起"首岗适应、多岗迁移、持续发展"的培养理念，形成专业链和岗位链。

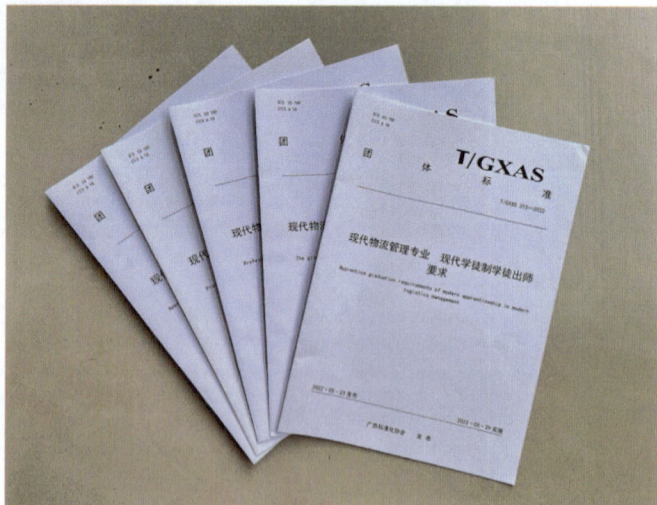

图3-35 物流管理专业"1+X"国际推广中心授牌

　　2019年，广西职业技术学院物流管理专业被广西壮族自治区教育厅确立为"双高建设"项目后，学校物流管理专业将"X"证书所承载的职业技能等级标准与考核相衔接，形成评价链；以物流管理专业现代学徒制标准起点，牵头和参与制定4项国家专业教学标准，参与开发2项国家职业标准和1项1+X职业技能等级证书标准，共同构成标准链。

　　至此，广西职业技术学院物流管理专业现代学徒制形成"五链相连"成熟机制。以标准链为映射，构建标准引领，深化专业链、课程链、岗位链、评价链"链群联动"机制，形成复合型人才培养合力，有利于完成学生到学徒、准员工、员工身份的蜕变。

　　学校设置"校内实训平台-校内工坊-企业实践教学基地-企业顶岗实践"职场培养阶段，强调情理认同与知行合一同向同行，注重对家国情怀、爱岗敬业精神培养，将职业精神与工匠精神融入教学过程，强调基本技能、核心技能、综合能力和实岗能力四阶递增的同时，专注淬炼"匠心"，铸造"匠魂"。

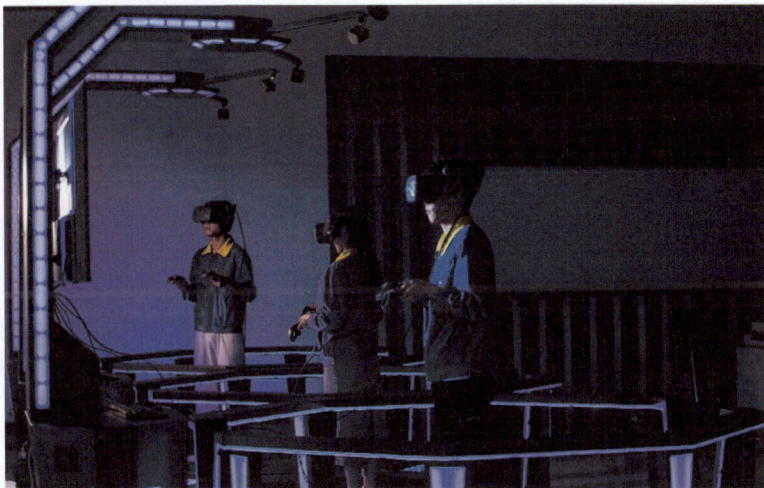

自治区级虚拟仿真实训基地

"互联网+"保"初心"

　　广西职业技术学院发挥信息优势，打造"物流管理专业现代学徒成长管理平台"以适应物流行业数字化变革、工作场地界限淡化及更高层次教育与培训需求和持续高涨的行业要求。通过"互联网+"形式，对现代学徒制招生就业、教学管理、实训实践、学徒学习动向等各类数据进行交叉融合和深度挖掘，准确把握现代学徒各利益相关者的真实情况，对教学管理和运行动向进行预测预警，并对学校物流管理专业现代学徒制标准的实施全流程进行证据"留痕"和关联分析。

　　2020年后，物流管理专业学徒培训过程中，"师徒"面对面教学培训环节受到疫情影响，"互联网+"形式在培养与评价方面的介入度更为深刻。物流管理专业依托3个国家级专业教学资源库、1个自治区级专业教学资源库、1个自治区虚拟仿真实训基地，创设了集虚拟仿真、虚拟现实技术和数字化资源于一体的新型学习载体，以数字化为驱动，智能化为总揽、场景化为载体、虚拟化为手段赋予物流管理专业现代学徒制新的生命线。

　　如今，依托"互联网+"技术支撑，学校实现了对现代学徒制培养前、培养中和培养后三阶段的全过程监控，建立了"三阶段、三维度、四主体"的物流管理专业现代学徒制培养质量评价体系，对人才培养进行过程性、结果性和增值性三类评价，人才培养质量得以不断提升。

图3-36　自治区级虚拟仿真实训基地

获奖证书

广西壮族自治区代表队

在 2022 年全国职业院校技能大赛高职组智慧物流作业

方案设计与实施比赛中荣获团体一等奖。

学校名称：广西职业技术学院

选手姓名：姚魁魁、朱怡娴、杨秉宇、黄炯桑

指导教师：蓝程杰、陈艺璇

全国职业院校技能大赛组织委员会

二〇二二年五月

编号：202204583

全国职业院校技能大赛高职组智慧物流作业方案设计与实施比赛一等奖

2022年全国职业院校技能大赛一等奖团队合影

2022年，学校获得全国职业院校技能大赛高职组智慧物流作业方案设计与实施比赛一等奖；广西职业院校技能大赛智慧物流作业方案设计与实施项目高职组团体比赛一等奖，第十届"挑战杯"广西大学生创业计划竞赛金奖。2021年毕业生X证书通过率达80.56%，学生就业率从2018年的91%增长到2021年96.21%，中国科教评价网高职院校物流专业排名由全国第15名跃升至第5名。（广西职业技术学院 邓洪燕 陈艺璇）

图 3-37　获得全国职业院校技能大赛一等奖

5. 广西八桂职教网新闻报道

广西八桂职教网新闻报道如图 3-38~图 3-42 所示。

首次向全国推出！广西职业技术学...

首次向全国推出！广西职业技术学院首创学徒制地方团体标准

广西八桂职教网
2022-11-17 18:00   关注

为现代物流学徒制人才培养模式嵌入"技能中国心"

——广西职业技术学院首创学徒制地方团体标准

2022年，广西职业技术学院聚焦先进标准引进、标准本土化改造和标准特色化输出，**首次向全国推出"物流管理专业现代学徒制"广西团体标准**，解决了不同物流企业学徒项目人才培养方案迥异的问题，引领物流专业治理和规范化培养。

多年来，学校以"国家高职创新行动计划骨干专业"物流管理专业为平台，坚持与企、行、第三方机构协同合作，共

图 3-38　广西职业技术学院首创学徒制地方团体标准（一）

113

研发建立了现代学徒制合作企业准入标准、评估机构准入标准等300项条款共10个标准。此次推广的合作企业准入标准、学校导师选拔标准、企业导师选拔标准、学徒选拔标准、学徒出师标准均出自这10个标准。地方团体标准为职业教育提质培优，探索出了一条富有特色、颇有亮点、卓有成效的建设路径。

中央财政支持物流管理实训基地

十年一剑磨"恒心"

学校物流管理专业对学徒制培养模式的探索开始于2012年。那一年，物流管理专业与10多家优质企业联合开展"订单式"人才培养业务，探索以师带徒的人才培养模式，初步建立了现代物流学徒制标准的雏形。

2014年，学校携手中国物流与采购联合会、上海环众物流有限公司、广西德邦物流有限公司共同打造"四方协同、双主体培养、第三方监管"的现代学徒制人才培养联盟体，引进英国现代学徒制标准，按照我国物流行业实际情况及未来发展趋势进行现代物流学徒制的本土化改造，以最大限度实现"产教融合"。

图3-39 广西职业技术学院首创学徒制地方团体标准（二）

2015年8月，学校物流管理专业被确立为教育部首批现代学徒制试点专业后，以"准入、培养、出师"三维循序递进的人才培养思路为导向，与联盟体共同研发了现代学徒制合作企业准入标准、学徒出师标准等300项条款的10个标准，并与广西德邦物流有限公司开展首批10名学徒的联合培养。

物流管理"1+X"国际推广中心授牌

2017年，学校依托广西的地缘优势和"中国-东盟边境职业教育联盟"、"物流管理'1+X'证书国际推广中心"平台优势，在东盟留学生中尝试推行现代物流学徒制培养模式。

自2018年学校首批物流管理现代学徒制试点专业以"优秀"等级通过教育部验收后，学校率先将10个标准中的5项标准转化为团体标准，并被国内34所职业院校和7家企业，以及东盟国家的11所院校和6家企业采纳。

五链相连护"匠心"

学校响应教育部出台的《关于深化职业教育教学改革全面提高人才培养质量的若干意见》文件精神，以物流管理、电子商务、数字传媒艺术设计为核心专业，积极筹建了物流工程专业群，岗位对应技术图谱，形成模块化课程链。物流管理专业现代学徒制面向物流、商流、资金流和信息流四流合一产业生态，随之树立起"首岗适应、多岗迁移、持续发展"的培养理念，形成专业链和岗位链。

图3-40　广西职业技术学院首创学徒制地方团体标准（三）

2019年，物流管理专业被广西壮族自治区教育厅确立为"双高建设"项目后，学校物流管理专业将"X"证书所承载的职业技能等级标准与考核相衔接，形成评价链；以物流管理专业现代学徒制标准起点，牵头和参与制定4项国家专业教学标准，参与开发的2项国家职业标准和1项1+X职业技能等级证书标准，共同构成标准链。

至此，物流管理专业现代学徒制形成"五链相连"成熟机制。以标准链为映射，构建标准引领，深化专业链、课程链、岗位链、评价链"链群联动"机制，形成复合型人才培养合力，完成学生、学徒、准员工、员工身份的蜕变。

学校设置"校内实训平台—校内工坊—企业实践教学基地—企业顶岗实践"职场培养阶段，强调情理认同与知行合一同向同行，注重对家国情怀、爱岗敬业精神培养，将职业精神与工匠精神融入教学过程，强调基本技能、核心技能、综合能力和实岗能力四阶递增的同时，专注淬炼"匠心"，铸造"匠魂。"

2020年后，物流管理专业学徒培训过程中，"师徒"面对面教学培训环节受到了疫情影响，"互联网+"形式在培养与评价方面的介入度更为深刻。物流管理专业依托3个国家级专业教学资源库、1个自治区级专业教学资源库、1个自治区级虚拟仿真实训基地，创设了集虚拟仿真、虚拟现实技术和数字化资源于一体的新型学习载体，以数字化为驱动，智能化为总揽、场景化为载体、虚拟化为手段赋予物流管理专业现代学徒制新的生命线。

如今，依托"互联网+"技术支撑，学校实现了对现代学徒制培养前、培养中和培养后三阶段的全过程监控，建立了"三阶段、三维度、四主体"的物流管理专业现代学徒制培养质量评价体系，对人才培养进行过程性、结果性和增值性三类评价，人才培养质量得以不断提升。

图3-41　广西职业技术学院首创学徒制地方团体标准（四）

全国职业院校技能大赛高职组智慧物流
作业方案设计与实施比赛一等奖

2022年全国职业院校技能大赛一等奖团
队合影

2022年，学校获得全国职业院校技能大赛高职组智慧物流作业方案设计与实施比赛一等奖；广西职业院校技能大赛智慧物流作业方案设计与实施项目高职组团体比赛一等奖；第十届"挑战杯"广西大学生创业计划竞赛金奖。2021年毕业生X证书通过率达80.56%，学生就业率从2018年的91%增长到2021年的96.21%，在中国科教评价网高职院校物流专业排名由全国第15名跃升至第5名。

来源｜广西职业技术学院
作者｜邓洪燕、陈艺璇
编辑｜王家芬
一审｜陈霖
二审｜雷新乐

图 3-42   广西职业技术学院首创学徒制地方团体标准（五）

（二）其他学校推广应用

依托全国物流职业教育教学指导委员会、中国—东盟职业教育边境联盟、物流管理"1+X"证书国际推广中心、广西物流职业教育教学指导委员会、广西物流职业教育集团等平台，广西职业技术学院物流类专业学徒制的做法与经验向浙江经济职业技术学院、天津交通职业学院、湖南现代物流职业技术学院、辽宁经济职业技术学院、江西旅游商贸职业学院、台州科技职业学院、广州番禺职业技术学院、广西交通职业技术学院在内的50多所区内外院校和企业，以及老挝巴巴萨技术学院、泰国南奔技术学院、越南谅山高等师范专科学校等6所东盟国家的院校和企业进行推广，并取得较好的成效。

广西职业技术学院物流类专业中国特色学徒制论文汇编

英、法两国现代学徒制的比较与启示

吴砚峰①

随着古老的手工作坊发展到现代化的企业，古老的学徒制也演变成了现代学徒制。西方发达国家启动现代学徒制的时间比较早，而我国现代学徒制的发展明显落后于西方。西方发达国家尤其是英国和法国的现代学徒制经过长期的发展，形成了相对完整的培养体系和法律保障体系，这对我国现代学徒制的实施有很好的借鉴与启示作用。

一、英法两国现代学徒制的发展历程

（一）英国现代学徒制的发展

英国学徒制历史悠久，最早起源于十一二世纪的行会学徒，发展于十

---

① 吴砚峰，广西职业技术学院。

三四世纪。英国于 1563 年通过的《工匠学徒法》对学徒制进行了规范。英国政府于 1964 年颁布了《产业培训法》，1991 年发布了《21 世纪的教育与训练》，2000 年成立了英国国家学徒制服务中心，2008 年颁布了《学徒制草案》，2009 年颁布了《学徒制、技能、儿童与学习法案》等法律，这都为英国现代学徒制提供了一系列法律保障[1]。

英国从 1993 年 11 月开始引入现代学徒制，并进行了试点。1995 年，英国在全国 54 个行业中正式铺开现代学徒制试点；1999 年，学徒制推广至 83 个行业，英国政府还设想把学徒人数从 2015 年的 87 万增加到 2020 年的 300 万[2]。为了达到这一目标，英国政府给予了大量的经费支持，提供了法律、制度等各方面的保障。英国现代学徒制已经得到社会的广泛认可，培养体系日益完善，并不断成熟。

（二）法国现代学徒制的发展

法国学徒制历史更加悠久，最早可以追溯到 9 世纪至 13 世纪的"行会学徒制"[3]。1919 年的《阿斯蒂埃法案》标志着学徒制走向规范。40 多年后，真正意义上的现代学徒制正式产生——1961 年法国首个学徒培训中心成立，学徒制有了经费保障；又过了 10 年，《德罗尔法案》在 1971 年正式颁布，学徒制的法律地位被确定；此后 10 多年，法国政府又颁布了一系列与学徒制相关的法律，如 1983 年的《权力下放法案》等。

二、英法两国现代学徒制的比较

进入 21 世纪，不管是英国还是法国，都越来越重视现代学徒制的发展，它们不但出台了一系列法律法规和制度，还对现代学徒制进行了顶层设计。现代学徒制也对社会经济的发展发挥了很大的促进作用。英法两国的现代学徒制有鲜明的特点，笔者在文献梳理的基础上，从 9 个方面对英法两国现代学徒制进行了比较（如表 1 所示）。

表1　英、法两国现代学徒制比较一览表

序号	比较项目	英国	法国
1	学徒制第一部法律	1563 年颁布《工匠学徒法》	1919 年颁布《阿斯蒂埃法案》
2	现代学徒制的标志事件	1964 年颁布《产业培训法》；1991 年颁布《21 世纪的教育和训练》；1995 年政府相关部门配合企业在 54 个行业中推行；2000 年英国国家学徒制服务中心成立	1961 年成立第一个学徒培训中心
3	现代学徒制代表性法律	1991 年颁布《21 世纪的教育和训练》；2008 年颁布《世界一流学徒制》和《学徒制草案》；2009 年颁布《学徒制；技能、儿童与学习法案》；2016 年颁布《企业法案》	1971 年颁布《德罗尔法案》；1983 年颁布《权力下放法案》；1987 年颁布《塞甘法案》；2002 年颁布《社会现代化法案》；2014 年颁布《职业教育、就业与社会民主法》
4	经费来源	国家专项资金、技能资助局拨款、学徒税	国家或地区补助、管理机构投入、学徒培训税及附加税
5	学徒税	英国境内且薪资总额在 300 万英镑以上的企业，每月征收 1 250 英镑学徒税	设立学徒培训税和学徒培训附加税（未来将统一为学徒税），将其提高到工资的 0.85%
6	管理机构	政府部门、非部委公共机构（学习与技能委员会、青年学习局、技能资助局）、服务机构（国家学徒制服务中心、国家雇主中心、国家职业服务中心）、中介机构（行业技能委员会、学徒制协会）	国家、行政大区和行业组织
7	学徒年龄	16～24 岁为主	16～25 岁，将来延长到 30 岁
8	培养层次	4 个等级	5 级培训，有学徒预科班
9	学徒制推广的行业	83 个行业全部开放	银行、餐饮、土木工程、木工与建筑、通信、旅游管理、美发等

　　如表 1 所示，通过对比可以发现，英国和法国的学徒制具有以下几个特点。

　　一是学徒制最早都发源于行会组织，这跟现在我国专业对接产业有相通之处。

二是从国家层面进行了顶层设计，为学徒制的发展提供了完善的法律保障和政策依据。

三是两国的现代学徒制皆发展于 20 世纪六七十年代的经济大萧条时期，然后越来越受到重视，这说明现代学徒制为经济发展提供了强有力的人才支撑。

四是两国在经费投入上都有专项的税收来源和资助体系，使企业、学徒双方都受益，保证了现代学徒制进入良性发展的轨道。

五是英、法两国现代学徒制等级分明，覆盖行业多，社会认可度高。

三、英法现代学徒制的发展对我国的启示

（一）顶层设计，形成完善的管理体系

不管是英国的现代学徒制还是法国的现代学徒制，都有法律保护和顶层设计，并被给予足够经费资助，这些措施促使企业与学徒都有足够的动力进入现代学徒制体系，并实现了良性循环。顶层设计对于现代学徒制的发展至关重要，两国都对学徒制进行严谨的顶层设计，都形成了完善的管理体系。

法国的现代学徒制管理体系由国家、行政大区和行业三个层面构成。国家出台法律与政策，对学徒制进行总体规划与管理；行政大区负责管理学徒培训、监管相关机构、协调行业等工作；行业主要负责跟踪、监察、督促学徒制的实施，并形成反馈机制。

英国的现代学徒制管理体系形成了自上而下的三级管理结构。第一级为领导机构，主要是政府职能部门和公共机构，主要负责制定法律和宏观政策，把握学徒制的发展方向；第二级为服务机构，为学徒制提供指导和服务，支持和协调学徒培训活动，进行学徒宣传；第三级为中介机构，是联系各利益相关者的纽带，并广泛参与学徒培训的各个环节，如参与标准制定、提供资金支持等[4]。

可见，现代学徒制的顶层设计至关重要，只有顶层设计完善，才能理顺现代学徒制相关利益方之间的关系，形成完善的管理体系，为现代学徒

制保驾护航，促进现代学徒制的有效发展。

（二）法律保障，强化法律的支撑作用

确定现代学徒制的法律地位，并不断给予法律层面的保障，可以为现代学徒制提供强有力的支持。英国早在 1563 年就颁布了《工匠学徒法》，为学徒制的发展奠定了法律基础，从而使学徒制的各实施方得到了法律的保护。法律一方面规定了学徒的最低收入标准，激励适龄青年加入学徒行列，并保障他们的权益；另一方面，通过减、免税等措施激发企业及雇主招用学徒的动力，保证了学徒的工作出口，使学徒就业有保障，也为学徒制的发展提供了内生动力。另外，英国的现代学徒制与学位挂钩，学徒从低层级逐级晋级直至可以拿到硕士学位，贯通了学徒和学历的通道，提高了社会认可度。法国学徒制亦是如此，从 1919 年的《阿斯蒂埃法案》到 1987 年的《塞甘法案》，各项法律为法国学徒制的发展提供了完善的法律保障，支撑了现代学徒制的发展。

（三）完善机制，提高企业参与动力

多层面主体参与是两国现代学徒制的显著特征。在办学主体层面，企业或雇主是第一主体。第一主体的参与是现代学徒制发展的基础；第二主体是学徒培训机构，包括职业院校。在办学主体上，英国和法国都是以利益驱动方式促进企业和学徒培训机构参与，具体措施是为雇佣学徒的企业免税或减税。在监管主体层面，有政府、行业和协会；在权责主体层面，有学徒与家长，由此形成了多元主体的现代学徒制人才培养模式。比如，法国规定，对于 250 人以上的企业，法国政府额外征收学徒培训附加税，一般是占企业员工全部工资总额的 0.05%～0.60%，但是，对于招聘学徒人数占员工总数 4.00%以上的企业，则可以免缴学徒培训附加税[5]。英法两国由于建立了完善的以利益驱动的运行机制，提高了多方主体参与的积极性，保障了现代学徒制的顺利发展。

（四）经费充足，保证学徒培养质量

教育是需要经费支持的，职业教育亦是如此，现代学徒制的实施也不

例外。英国政府是提供学徒制经费的主要力量；另外，英国在 2010 年专门成立了青年学习局，亦负责向各个利益相关者提供资金资助；还有技能资助局也对现代学徒制进行资金资助。为了保证学徒安心学习，英国还向不同年龄的学徒提供不同的经费。这种规范而持续的经费支持，既保证了学徒能够安心学习，也充分满足了企业的要求，保证了学徒培训的质量。法国学徒制的经费来自国家或地区补助、管理机构投入和学徒培训税。从 2015 年开始，法国的学徒培训税一般是上一年企业员工毛工资总数的 0.68%，未来将会提高到 0.85%[5]。法国通过这种方式为现代学徒制提供了强有力的经费保证。

总之，英、法两国现代学徒制的经费保障都比较充足。充足的经费投入在很大程度上保证了学徒培养的质量和水平。

四、小结

对比英法两国的现代学徒制可以发现，国家顶层设计是现代学徒制发展的基础，法律保障确立了现代学徒制的社会地位，完善的运行机制提高了企业参与现代学徒制教育的积极性，充足的经费投入保障了现代学徒制的人才培养质量。我国可以从以上四个方面着手，促进中国现代学徒制良性发展，为社会经济发展提供"工匠"人才。

【参考文献】

[1] 张俊勇，张玉梅. 英国现代学徒制的发展及其启示[J]. 职业技术教育，2017，38（1）：74-79.

[2] 赵鹤. 传承与重塑：英国现代学徒制研究[D]. 武汉：华中师范大学，2017.

[3] 于力晗. 法国学徒制的历史及现状[Z]. 法国教育通讯，2018（2）.

[4] 王建梁，赵鹤. 英国现代学徒制的发展历程、成效与挑战[J]. 比较教育研究，2016，38（8）：103-110.

[5] 方友忠，马燕生. 法国学徒制人才培养模式和资助方式[J]. 世界教育信息，2015，28（22）：38-40.

[6] 王文斐. 马克龙政府学徒制改革的主要内容[Z]. 法国教育通讯，2018（2）.

中外现代学徒制发展研究综述与展望

吴砚峰[①]

现代学徒制试点是"三教"改革的重要抓手，是贯彻落实"职教 20 条"的重要举措，也是中国高职院校培养复合型技术技能人才的重要途径。研究英美等发达国家现代学徒制的发展历程与成功经验，对于做好现阶段中国现代学徒制试点工作、全面推广现代学徒制、打造特色鲜明的中国职业教育具有重要的借鉴意义。

一、中国现代学徒制试点现状分析

当前，中国现代学徒制的试点经过长期调查研究与充分酝酿，并通过文件形式进入了大众视野，其标志就是 2014 年 5 月国务院印发的《关于加快发展现代职业教育的决定》。2014 年 8 月，教育部印发了《教育部关于开展现代学徒制试点工作的意见》，要求"选择一批有条件、基础好的地市、行业、骨干企业和职业院校作为教育部首批试点单位"，并先后进行了 3 批（次）试点：其中，2015 年 8 月，教育部遴选的首批现代学徒制试点单位共计 165 家，占三批试点单位总数量的 29.36%；2017 年 8 月，教育部确定的第二批现代学徒制试点单位 203 家，占三批试点单位总数量的 36.12%；2018 年 8 月，教育部确定的第三批现代学徒制试点单位 194 家，占三批试点单位总数量的 34.52%。在这三批试点单位中，试点高职院校有 410 所、试点地区 20 个、试点企业 17 家、试点中职学校 94 所、行业试点单位 21 家。但是，2016 年 8 月 30 日，中国艺术科技研究所的任务书备案审核不通过，中国汽车工程学会放弃试点；2017 年 8 月 23 日，教育部办公厅同意中国建筑材料联合会、辽宁职业学院中止试点的申请。因此，教育部三

---

① 吴砚峰，广西职业技术学院。

批试点单位实际共计 558 家。另外，在教育部启动现代学徒制试点后，人力资源社会保障部也于 2015 年 7 月 24 日和财政部联合印发了《人力资源社会保障部办公厅、财政部办公厅关于开展企业新型学徒制试点工作的通知》（人社厅发〔2015〕217 号），通知要求企业也要开展现代学徒制试点工作；2018 年 10 月人力资源社会保障部和财政部又共同印发了《人力资源社会保障部　财政部关于全面推行企业新型学徒制的意见》（人社部发〔2018〕66 号），标志着人力资源社会保障部也开展了现代学徒制推行工作。可以看出，中国真正意义上的现代学徒制起步较晚，目前仍处于试点阶段，并且中国现代学徒制的试点可以分为两条主线，即以教育部牵头的职业院校为主体的现代学徒制和以人力资源社会保障部发起的企业新型学徒制。

二、中国学者对现代学徒制的研究

目前，中国学者对现代学徒制的研究成果较多，内容主要集中在中国职业教育现代学徒制的试点研究，其次是中外现代学徒制的比较研究。这些研究包括体制机制、评价体系、法律保障、课程标准等方面，基本涵盖了职业教育现代学徒制研究的各个方面。

（一）对中国职业教育现代学徒制的试点研究

梁国胜指出，现代学徒制是落实职业教育面向全社会的一种探索，是给传统学徒制增加了学校教育因素的一种职业教育模式[1]。鲁叶滔提出，基于现代学徒制的高职人才培养模式的建构新路径要从高职教育制度环境创新、师资建设强化、办学资源运作能力优化、人才培养质量评估体系完善等方面着手[2]。陈明昆等认为，现代学徒制的"复兴"具有必然性：它是科学技术进步和生产力发展的必然产物，是新形势下应对就业竞争压力的积极探索，是寻找教育价值"真谛"的必然表现[3]。朱理东认为，当前学徒制试点，要加强试点单位负责人和骨干教师的现代职业教育理论培训，多进行理论研讨与经验交流，从而有效推进现代学徒制试点的顺利进行[4]。陈建国提出，开展现代学徒制试点是探索教育与产业融合，推动职业教育服务产业转型升级的重要举措；他还认为，制定现代学徒制标准是保证现代学徒制实施质量的重要环节[5]。

（二）对国外现代学徒制的研究

关晶认为，西方国家现代学徒制的发展不是制度趋同的过程，而是制度多样化的过程[6]。余小娟等人认为，英、德两国在学徒制的长期发展中形成了各自适宜性较高且实施有效的学徒制标准框架体系，这些对于中国学徒制建设来说是具有借鉴和启示意义的[7]。郭瑶认为，基于中国高职教育和英国高级现代学徒制的课程评价机制在评价的完善程度、评价机制的多元化和机制视角等方面存在着较大的差异。通过对比，中国高职院校高级现代学徒制课程评价机制改革的基本策略是实行课程评价机制多元化、建立学徒关键能力评价标准、把实践课程评价落到实处，并实行课程评价责任终身制[8]。王海军提出，在导入并借鉴英国现代学徒制发展模式的实践过程中，中国职业院校、企业、行业协会、政府主管部门应该建立紧密合作关系，可汲取英国现代学徒制的精华，开展适合中国职业教育国情的中国现代学徒制项目[9]。翟志华认为，德国现代学徒制被看作是青年人才成长以及技术创新、经济发展、国家竞争等方面的战略需要，因而中国在开展现代学徒制教育时可借鉴德国经验[10]。

（三）中国现代学徒制的发展概况

中国现代学徒制发展的特点是萌芽期比较长，前期发展缓慢，后期发展迅速。从初级形态的传统学徒制到现代学徒制，中国学徒制也经历了漫长的发展历程。研究认为，中国传统学徒制的萌芽在原始社会就已经产生了，但是中国现代学徒制则是脱胎于早期传统学徒制。总体上，若是从奴隶社会中国初级形态的学徒制算起，学徒制在中国已发展了几千年，并且也为中国经济社会的发展作出了重要贡献。但是，直至公元 2000 年前后，中国现代学徒制才正式开始，呈现出前期发展缓慢的态势；近些年，中国现代学徒制发展的速度很快，并且基本覆盖了所有的职业学校，也渐渐获得了社会认可。

中国现代学徒制以政府为主导，职业学校成为以现代学徒制培养人才的主体，工学结合不明显，法律保障体系还需要进一步健全。中国第一次明确提出"开展现代学徒制试点"始于 2014 年《教育部关于开展现代学徒制试点工作的意见》（教职成〔2014〕9 号）的发布，这也标志着中国现代学徒制试点正式开始。经过前两批的试点，直到 4 年后的 2018 年 8 月，教育部办公厅公布了第三批现代学徒制的试点单位名单。2019 年 12 月，《教育部办公厅关于全面推进现代学徒制工作的通知》（教职成厅函〔2019〕12 号）的印发，标志着中国现代学徒制进入全面推广阶段。目前，在中国的职业院校中，现代学徒制覆盖了 1 000 多个专业，每年培养出来的学生（学徒）有近 10 万名。2020 年，中共中央将"深化职普融通、产教融合、校企合作，探索中国特色学徒制"写进了《中共中央关于制定国民经济和社会发展第十四个五年规划和 2035 年远景目标的建议》中，这也表明中国现代学徒制作为一种职业教育新型人才培养模式不断得到国家的重视并在中国进入由点到面、范围逐渐扩大的实质性推进阶段。可以看出，中国现代学徒制的发展离不开政府层面的主导，正是政府文件下发和政策发布才使中国现代学徒制迎来高速的发展，并且学徒规模越来越大。由于国情不同，虽然中国现代学徒制提倡企业深度参与培养，但在实施过程中，职业院校日渐成为现代学徒制人才培养的主体，承担了大部分现代学徒制人才培养的职能。企业实施的现代学徒制人才培养数量占比较小，导致现代学徒制人才培养工学结合不明显。同时，目前中国现代学徒制主要以文件的形式进行推动或提供行动指南，还没有具体的法律制度进行保障，更没有形成系统的法律体系，这也是中国现代学徒制建设需要进一步加强的方面。

三、国外现代学徒制的发展概况

（一）英国现代学徒制的发展概况

从总体上看，英国现代学徒制发展稳定、保障健全、职普教育完全贯通。相比其他欧美国家，英国学徒制发展的历史比较长，其传统的学徒制最早起源于十一二世纪的行会学徒，兴盛于十三四世纪。学徒制规范化的标志是 1563 年《工匠学徒法》的颁布；直到 400 多年后的 1964 年，英国颁布的《产业培训法》使学徒制进一步规范；20 世纪 90 年代，由于英国失业率上升、生产力下降、职业教育长期脱离企业实践、职业教育和职业培训不能够完全满足社会需求等，英国政府于 1991 年颁布了《21 世纪的教育与训练》白皮书，要求更多 16～19 岁的青年接受高质量的职业教育，英国现代学徒制正式发展起来了。2000 年，英国成立了英国国家学徒制服务中心，随着 2008 年颁布的《学徒制草案》和 2009 年颁布的《学徒制、技能、儿童与学习法案》等法律法规相继实施，英国现代学徒制的法律保障体系日益健全[12]。至此，经过不断进化与蜕变，英国现代学徒制终于获得了社会的广泛认可与支持，其培养体系也日臻完善。英国从 1993 年开始进行现代学徒制试点以来，经过短短两年，到 1995 年就开始在全国 54 个行业中进行推广。1999 年，英国现代学徒制推广的行业增至 83 个，实现对所有行业的全覆盖。英国还计划把学徒人数从 2015 年的 87 万人增加到 2020 年的 300 万人。此外，英国的学徒制体系与国家职业资格实现了无缝衔接，并与普通学位对接，实现了普职融通，从初级学徒逐级晋升直至可以拿到硕士学位，全面贯通了学徒教育和学历教育的通道，获得英国社会的全面认可。

（二）德国现代学徒制的发展概况

德国现代学徒制的特点是双元制发展，参与方职责分工明确，工学结合特色鲜明。德国最早的传统学徒制起源于中世纪的手工业行会，经过长期缓慢的发展和长久的积淀，以 1969 年德国《职业教育法》的颁布为标志，最终迎来了现代学徒制的发展。后来，为了适应社会经济发展的需要，现代学徒制逐渐获得认可与重视。德国把开展现代学徒制的多个参与主体——政府、职业学校、行业协会、培训企业、学徒等看作不可分割的共同体。从 1949 年《企业基本法》和《劳资协议法》的陆续颁布开始，到 1968 年《联邦各州专科学校发展协议》和 1969 年德国《职业教育法》《联邦德国解雇保护法》《职业教育和培训法案》等系列法律的颁布，再到 1976 年《培训岗位促进法》《德国高等教育总法》《青年劳动保护法》《改进培训场所法》《企业培训师资质条例》等法律法规的颁布，最后到 1981 年《职业教育促进法》、2004 年《保证培训岗位供应法案》、2004

年《联邦职业教育保障法》、2007 年《职业教育法》等法律的颁布，德国形成了现代学徒制的系列法律保障体系，从而明确了各个主体在学徒培养上的责任与权利、培养期限、试用期限、学徒课程标准、学徒工作时间、学徒企业实习时间等详细要求[13]。健全的法律法规和保障体系，使德国"双元制"现代学徒制成为最具工学结合、校企合作特色的职业教育模式。综合来看，德国现代学徒制的普及率高、制度规范、行业企业参与度高。

（三）法国现代学徒制的发展概况

法国现代学徒制历史悠久，发展缓慢，行业覆盖范围广。若对法国的传统学徒制发展追本溯源的话，可以溯源到 9—13 世纪的"行会学徒制"。经过几百年漫长的发展，以 1919 年颁布的《阿斯蒂埃法案》为标志，法国学徒制开始走向规范并步入正轨。《阿斯蒂埃法案》是法国职业教育史上具有里程碑意义的法案，在该法案的推动下，法国形成了初等、中等、高等3 个阶段的职业教育体系，为现代学徒制奠定了基础。法国真正意义上的现代学徒制正式诞生的标志是 1961 年成立的首个学徒培训中心，法国学徒制才明确了经费保障；又经过 10 年的发展，随着 1971 年《德罗尔法案》的正式颁布，法国才确定了学徒制的法律地位；随后法国陆续密集出台了关于学徒制的系列法律，如 1983 年颁布了《权力下放法案》、1984 年颁布了新的《职业继续教育法》、1987 年颁布了《塞甘法案》、1989 年通过了《教育指导法》、1992 年颁布了《第 92—675 号法令》、1993 年颁布了《第 93—1313 号法令》、1997 年颁布了《第 97—970 号法令》、2002 年颁布了《社会现代化法案》等，最终在法律上给予现代学徒制全方位、各领域、各方面的权利保障[14]。法国的各个行业，如木工与建筑、通信、银行、旅游管理、美发、餐饮等都面向学徒开放。但是，法国的现代学徒制层级划分比较明显、区分度比较大：高等职业教育的现代学徒制主要面向服务业；中等职业教育的现代学徒制主要面向生产制造类行业。截至目前，法国共计建有 1 500 多家学徒培训中心，拥有 16～26 岁的学徒 43 万余名，80%的高等商学院都会为学生提供很多的学徒实习岗位[12]。随着现代学徒制在法国的发展，现代学徒制的社会认可度也越来越高；不管是政府、行业、企业，还是工会组织、学校等都对现代学徒制抱有很大的期待与信心。

（四）其他西方国家现代学徒制的发展概况

其他西方国家现代学徒制的发展则是百花齐放、各具特色。西方国家的现代学徒制大多发源于古老的行业学徒或教会徒工，最后发展成为现代学校教育与传统学徒培训相结合、行业企业与学校或培训机构合作实施的职业教育制度。大多数欧美发达国家都建立了或正在探索与其国情相适应的现代学徒制体系[15]。在其他西方发达国家，现代学徒制也已经成为各国职业教育发展的重心，其发展各具特色。

在瑞士，学生在完成义务教育后，近半数的学生会选择参加职业教育体系中的现代学徒制培训。瑞士的现代学徒制亦比较强调多方参与，政府直接提出职业教育就是要培养掌握多种技能、全面发展的技术型人才。学徒在参加培训期间不仅要熟练掌握专业知识、专业技能，还必须掌握适用于不同工作环境的通用知识和基础技能，如语言和沟通能力、团队协作等职业素质。

而美国现代学徒制的人才培养则主要以合作教育的方式进行，从而使学徒拥有更为自由的选择空间和各方面的权利保障[14]。

意大利建立了全球职业教育层次最高的现代学徒制，即学徒可以取得博士学位，并且给予了充分的法律保障。

澳大利亚启动了"澳大利亚学徒制激励计划改革"，依托灵活的现代学徒制机制，学徒数量增长比较快，既发展了高技能型的劳动力市场，也支持了澳大利亚经济持续稳定发展[16]。

可以看出，虽然欧美等发达国家开展现代学徒制的形式各不相同，但学生与企业学徒的"双重"身份，政府、行业、企业多主体参与，以及通过产教融合、工学结合、顶岗实践等多种形式培养人才的内在本质是一致的。

四、中国现代学徒制发展趋势展望

西方发达国家学徒制的发展历程和成功经验给中国学徒制的发展提供

了宝贵的借鉴。未来中国学徒制工作重点和研究方向应主要集中在以下几个方面。

（一）制定与职业教育相适应的现代学徒制法律与政策保障体系

首先，国家层面要进行法律与制度的顶层设计。国家层面的制度设计是现代学徒制发展的基础与保障，完善的法律体系能确立现代学徒制的社会地位；健全的现代学徒制运行机制可以提高行业企业参与现代学徒制的积极性，保证现代学徒制发展的可持续性；而稳定、充足的经费投入可以保证现代学徒制的运行。

其次，在推广层面，从国外现代学徒制的发展历程可知，中国推广现代学徒制可能还有很长的路要走。现代学徒制要在国内进行广泛推广，顶层设计需要进一步优化，法律保障体系需要进一步健全，尤其是教育部的现代学徒制和人力资源社会保障部的新型学徒制如何融合发展，更是中国现代学徒制未来发展需要考虑的重要问题。

（二）标准体系的研究将是未来中国现代学徒制研究的重点

通过上述研究，可以发现：今后相当长的时间内，中国现代学徒制的研究重点将集中在以下几个方面。

一是现代学徒制相关标准的制定。对于高职院校而言，首要工作是出台专业的课程标准，从而构建完备的现代学徒制课程标准体系，这也是全面铺开现代学徒制人才培养的基础。

二是针对国家和地方出台实施现代学徒制的法律法规进行研究，使现代学徒制高度制度化、规范化。现代学徒制人才培养模式是对校企合作人才培养模式的重大突破。为了防止校企合作模式下种种问题的再现，出台相应的法律法规进行保障和规范是非常必要的，同时，这方面也有显著的研究价值。

三是对现代学徒制政策的研究，尤其是落实现代学徒制经费保障机制，兼顾各方的经济利益，体现公平和效率方面的研究。

四是研究制定学校课程教学和企业培训课程细则。

五、结语

随着"职教 20 条"的贯彻和"提质培优"方案的实施，现代学徒制研究将更加全面，更加具体深入，也将会更趋向于多元化。中国现代学徒制也将由部分职业院校的试点向全面推广方向发展。

【参考文献】

［1］梁国胜. 现代学徒制需校企共担责任风险[N]. 中国青年报，2011-10-24（11）.

［2］鲁叶滔. 基于现代学徒制的高职人才培养模式探析[J]. 教育与职业，2014（12）：19-21.

［3］陈明昆，颜磊，刘亚西. 现代学徒制的"现代性"诠释[J]. 中国职业技术教育，2016（6）：48-52.

［4］朱理东. 高职院校试点现代学徒制的误区与对策[J]. 教育与职业，2016（21）：21-25.

［5］陈建国. 引进英国现代学徒制 服务新型专业镇发展[J]. 中国职业技术教育，2016（31）：55-59.

［6］关晶. 英国和德国现代学徒制的比较研究：基于制度互补性的视角[J]. 华东师范大学学报，2017，35（1）：38-46.

［7］余小娟，谢莉花. 德英现代学徒制标准制定对我的启示[J]. 高等职业教育探索，2017，16（2）：33-39.

［8］郭瑶. 基于中英差异的我国高级现代学徒制课程评价策略[J]. 价值工程，2018，37（21）：270-272.

［9］王海军. 论英国现代学徒制及其对我的启示[J]. 教育与职业，2018（8）：92-95.

［10］翟志华. 德国现代学徒制的制度设计透视[J]. 职教发展研究，2020（4）：81-89.

［11］王平. 新中国成立以来我国学徒制政策的演变、问题与调适[J]. 教育与职业，2015（22）：13-17.

［12］吴砚峰. 英法两国现代学徒制的比较与启示[J]. 广西职业技术学院学报，2018,11（3）：35-38.

［13］关晶，石伟平. 西方现代学徒制的特征及启示[J]. 职业技术教育，2011，32（31）：

77-83.

[14] 于力晗. 法国学徒制的历史及现状[Z]. 法国教育通讯，2018（2）.

[15] 陈诗慧. 欧洲职业教育现代学徒制的特色、经验与启示[J]. 教育与职业，2017（15）：35-40.

[16] 熊苹. 走进现代学徒制：英国、澳大利亚现代学徒制研究[D]. 上海：华东师范大学，2004.

基于人力资本投资视角的现代学徒制制度供给

史洪波①　周锡海②

现代学徒制是当前我国职业教育改革的热点，其基本内涵是"学校与企业联合招生招工，受教育者具备学生与学徒双重身份，学校教师与企业师傅'双主体'育人，以工学结合模式培养高素质技术技能型人才"。企业参与是打破院校办学封闭性、体现职业教育跨界融合、落实现代学徒制校企"双主体"育人模式的必要条件。目前我国企业参与现代学徒制的积极性普遍不高，主要原因在于企业人力资本投资预期收益的不确定性，投资收益得不到有效保障。通过制度供给对企业进行必要的成本补偿、防范内部劳动力市场自由化、保障企业主体意识的贯彻落实是破解这一难题和提高企业参与现代学徒制积极性的关键所在。

一、人力资本投资：企业参与现代学徒制的潜在动机

利益是一种物化了的人类需要[1]，追求利益最大化构成人的实践活动的内在动机，人类一切活动的价值都要在客体属性对主体需要的满足中得到合理确证。现代学徒制以"培养人"为中心的价值目标承载着社会公共利益，而企业作为经济性组织，组织利益的最大化构成其根本的价值目标，其行动逻辑遵循经济理性主义的基本原则。因此，现代学徒制对企业利益增长的满足，是激发其内在动机的必要条件。

企业的生产运作可以描述为各种生产要素通过一系列转化，产出有形产品或无形服务并实现价值增殖的过程。劳动力是凝结在劳动者身上的知识、技能、能力的存量总和，对其他物质性要素具有统摄作用。作为核心生产要素的科学技术，其在生产中的有效运用也要以劳动者对其的掌握为

---

① 史洪波，广西职业技术学院。
② 周锡海，广西师范学院（现已改名为南宁师范大学）。

基本前提，并通过劳动者在生产、管理等对象化的能动性实践活动中发挥其进步作用。因此，人的要素（劳动者）是决定企业经营成败的关键要素，对于高素质人才的争夺成为当前企业间竞争的焦点。现代学徒制为企业获取高质量的人力资本提供了现实路径，这是促使企业参与现代学徒制首要的潜在动因。

（一）降低企业在劳动力市场中的交易成本

自改革开放以来，随着我国社会结构复杂化及专业分工细化程度的不断加深，企业作为经济性组织逐渐剥离了非生产性功能[2]，将准职业人员的教育培训职责交由专门的学校教育系统，从外部劳动力市场招聘人才成为我国劳动用工制度市场化格局下企业获取人力资本的主要形式。然而，市场机制的使用并非免费，市场交易主体的"有限理性""机会主义"使通过市场机制实现资源配置的方式普遍存在着诸如"寻求交易对象和价格""辨别信息真伪""进行讨价还价"等一系列的交易成本。在劳动力市场中，企业与劳动者以劳动力作为商品中介构成简单的市场交易模型。由于劳动力是无形商品，信息不对称在劳动力市场中广泛存在。因此作为供给方的劳动者总是倾向于夸大自身的劳动能力，以寻求用人单位的认可及获得高水平的工资。而作为需求方的企业则需要通过对目标群体的搜寻，并借助一定的技术手段对求职者所提供的用以表征自身劳动能力的信号进行甄别和辨识。由此所投入的人力、物力构成企业招聘的交易成本，形成对企业利润的损耗。而企业参与现代学徒制人才培养，能够逐渐形成一个相对稳定的内部劳动力市场。由于企业与学徒之间彼此熟悉，在就业条件基本持平的前提下，准职业者会优先考虑选择接受其进行学徒制培养的企业就业，因此参与现代学徒制人才培养的企业能够大幅节约从外部劳动力市场进行人才招聘的交易成本。

（二）实现劳动力素质规格与岗位要求的精准对接

国际标准化组织将"质量"概念定义为"一组固有特性满足要求的程度"。质量概念反映了客体属性与主体需要之间的关系，质量评价要以"顾客"的需要为尺度去衡量商品的适应性。因此，在企业为获取人力资本而进行的招聘活动中，劳动力的质量规格与岗位需要之间的契合程度，也即劳动者能否完成或能够在多大程度上完成岗位职责与任务，是企业做出人员招录决策的根本出发点。在劳动用工制度市场化的背景下，从外部市场招聘的人员一般需要经过企业的培训及一段较长时间的适应磨合期，才能逐渐完成知识、技能的迁移应用，从而较好地满足工作岗位的需要。因此，企业在新员工职业生涯初期面临着一个劳动力价值创造的低收益甚至负收益阶段，对企业经济利益的实现形成相应的抵扣效应。现代学徒制作为校企合作及学校教师与企业师傅"双主体"育人的人才培养模式，使企业对自身人力资本的管控从"选用育留"的传统人力资源管理向前延伸到劳动力的"生产"环节。学徒技术技能的生成、正确的职业价值观的养成是在企业所提供的真实的工作情境中，通过具象化的生产经营实践活动来实现的。因此，经由学徒制培养的准职业者的质量规格能够实现与所在企业相关岗位要求的精准对接，从而使企业有效缩短或跨越从外部劳动力市场招聘的新员工在职业生涯初期的低价值甚至负价值创造阶段。

二、预期收益的不确定性：企业参与现代学徒制的制约因素

人力资本是影响企业生产经营成败的关键要素，现代学徒制为企业提供了节约从外部劳动力市场进行人员招聘的交易成本途径，实现了可获得劳动力质量规格与岗位要求的精准对接，因此具备激活企业参与动机的必要前提。然而，导致企业预期收益不确定性的因素也同时存在，制约着企业参与现代学徒制的积极性、可持续性。

（一）人力资本投资成本对预期收益的抵扣

现代学徒制的发展是不同行动者基于自身的利益诉求，相互博弈和互动的建构过程[3]。作为博弈场域中的重要行动者，在每一次博弈互动中，企业都面临着"合作"或"对抗"的双重策略选择，而这种策略选择建立在理性的成本—收益分析的基础之上。只有以利他为表现的合作形式能够成为实现个体利益最大化的手段，"合作"才会成为企业的优先策略，反之

137

亦然。参与现代学徒制是企业进行人力资本投资的重要途径，企业可获得由人力资本所创造的包括经济价值在内的预期收益，但此项投资也至少存在着三个方面的成本，制约着企业参与学徒制培养的积极性。

其一，现代学徒制所培养的学生在企业中具备学徒的身份，其实践技能是通过参与企业真实的生产经营活动而获得的。这种"做中学"的教育模式同时带有生产性质，客观上要求企业向学徒支付一定的劳动报酬。

其二，企业师傅是在微观的操作层面实施育人活动的重要主体，但是这项工作是超出其常规工作岗位职责的，因此企业同样需要向承担师傅角色的企业员工支付一定的额外劳动报酬。

其三，从重生产性向重教育性的嬗变是"现代性"语境对学徒制功能目的的本质规定[4]，这意味着当学生的实践技能不能满足企业的要求时，企业却要以服务学生成长成才为中心，从而难免影响企业生产经营活动的正常开展，这也同样产生企业额外的隐性成本支出的问题。

（二）预期人力资本非可控流失的风险性

外部性问题是决定产品供给方式的重要因素之一。由于教育是一项具有极强正外部效应的社会活动，长期以来由代表社会公益的教育部门接受政府的委托组织实施。企业作为非公共部门，其参与现代学徒制人才培养可以看作是一项以营利为目的的投资行为。对企业来说，只有至少保证受训学徒服务企业的时限、生产能力、劳动贡献能够抵偿企业投资的成本，这项投资才不是亏损的，因此其必然面临着预期人力资本的非可控流失的外部性风险。具体表现在以下几个方面。

首先，企业通过现代学徒制进行的人力资本投资是一项周期为3年左右的"长线投资"[5]，投资回报需要一段较长时间的隐性积累才能够最终实现。而较长的建设周期使企业预期可获得人力资本外部化的风险增加。

其次，"缺乏可信承诺支持的许诺并不能确实地免除责任"[6]。一方面，由现代学徒制所形成的内部劳动力市场并非闭合而稳定，外部劳动力市场的同时存在为参与现代学徒制培养的求职者提供了潜在的备选方案。另一方面，"利益最大化"与"机会主义"是人的本性。学徒与企业之间达成的是一种主要基于情感共识的、不具备强制性效力的口头承诺或协议，参与学徒制人才培养的企业面临着由无序竞争导致的外部企业"搭便车"的集体行动困境。

（三）人才培养质量规格适切性的隐忧

"校企合作、工学结合"是职业教育的实践性特征对其人才培养模式的根本规定，虽然其作为一种客观规律的指导意义是普遍的，但同时需要将这种观念的指导应用于实践的创新，才能产生实际价值。现代学徒制是职业教育"校企合作、工学结合"的顶岗实习、订单培养不断进行拓展深化的一种新形式[7]，作为劳动力需求方的企业参与人才培养过程，表明职业教育供给侧的改革逐步进行着由大规模标准化生产向小规模、个性化定制发展方向的转变，为在微观层面上实现职业教育人才培养质量规格与企业岗位需要的无缝对接提供了可能性。从国外实施学徒制的经验来看，其成功的典型基本可以分为以高企业合作与低学校整合为特征的需求引导型及以低企业合作与高学校整合为特征的供给引导型两大类[8]。结合我国职业教育以院校为主体组织实施的传统，我国的现代学徒制总体上是供给导向型的。因此，在现代学徒制的具体实施过程中，学校的主导性优势地位使企业成为较为被动的一方[5]。校企双方进行的多为联合招生招工、学生顶岗实习的外延式合作，而在专业人才培养方案制定、专业核心课程标准制定、教学项目开发等决定人才培养质量的核心层，企业的自由意志往往不能得到充分体现。这表明人才培养质量规格与职业岗位需求精准对接的功能预设也存在着执行不力的隐忧。

三、制度供给：企业参与现代学徒制的规范化

当前，在以现代学徒制为内容的博弈场域中，由于企业进行人力资本投资预期收益率的不确定性，"合作"并非无条件的占优策略，因此企业参与现代学徒制多为建立在有限理性基础上的机会主义行为[9]。制度是"一些具有规范意味的历史性存在物"[10]，它为显性或隐性努力的结果建立的秩序或稳定预期，从而使不断重复的互动行为得以结构化[11]。反观我国现代学徒制实施的现状，企业参与度不高的困境反映了配套制度供给缺失的内

在症结。以制度的规范性、执法性与制裁性消除企业预期收益的不确定性，形成激励相容的稳态均衡，是激发企业参与现代学徒制内在动机的关键所在。

（一）人力资本投资的成本补偿

一方面，企业在参与现代学徒制过程中需要向学徒及师傅支付的劳动报酬构成企业进行此项人力资本投资的显性成本，而企业正常的生产经营活动受损则构成其不可量化的隐性成本。由于可获得预期投资收益的不确定性，当成本支出过高或者存在比较优势更加显著的其他投资项目时，企业参与现代学徒制的积极性将被削弱。另一方面，人力资本具有突出的外部经济性，企业参与现代学徒制的初衷虽为增进企业自身利益，但同时由于资源的优化配置使整个社会的集体福利得以增进。诚如亚当·斯密所言，一个人"通常既不打算促进公共的利益，也不知道自己是在哪种程度上促进哪种利益……他所盘算的也只是他自己的利益"。然而"他追求自己的利益，往往使他能比在真正出于本意的情况下更有效地促进社会的利益"[12]。因此，不论是从企业预期收益的不确定性还是从其行为结果天然的公共价值归属出发，以国家的名义对企业参与现代学徒制进行一定的成本补偿，在法理上具备合理性。然而，现阶段我国企业接收实习生的成本补偿问题仅以政策文件的形式表现，缺乏强制性效力，也未能得到充分的贯彻执行。因此，这个问题需要以实体法的形式加以解决。实体法作为社会制度的重要表现形式，人民意志赋予其普遍的约束力。因此，加快修订《中华人民共和国教育法》《中华人民共和国职业教育法》《中华人民共和国企业所得税法》等相关法律文件，可以明确企业参与现代学徒制在享受税收优惠、财政补贴、政府购买服务等成本补偿时的合法权益。

（二）内部劳动力市场自由化风险的防范

"机会主义是人的本性。"[6]人的逐利性、投机性使参与现代学徒制人才培养的企业面临着竞争对手"挖人"、内部劳动力市场自由化的潜在风险。由此可见，缺乏可信承诺制度的强制性规范是制约企业参与现代学徒制的核心问题。科斯指出，"权利（产权）界定是市场交易的一个必需的前奏。"

产权作为一种社会工具，"其重要性在于事实上它们能帮助一个人形成他与其他人进行交易时的合理预期"。在校企合作进行现代学徒制人才培养的过程中，企业与学徒之间基于劳动力商品市场交易关系。只有确保劳动力商品的所有者（学徒）对其使用权的提前让渡能够通过强制性规约得到保障执行，企业参与现代学徒制才会成为其常态化的行为选择。因此，现代学徒制的可持续发展要强化契约管理的可信承诺制度。契约是基于共识、在法律上具有强制执行力的承诺或协议。企业与学徒之间基于现代学徒制人才培养签订预就业合同，明确学徒完成学业后需向合作企业提供服务的年限、对学徒的岗位要求及学徒违约需承担的消极责任后果，以责任制合同为企业对预期人力资本使用权在合理时间限度内的排他性占有提供合约式保护。

（三）企业主体意志的贯彻落实

主体性是作为主体的质的规定性，表现为主体的自觉、自主、能动、创造的特性[13]，是主体的自由意志得以贯彻执行的主体意识、主体能力与主体资格的结合体。在校企双方通过现代学徒制形式联合培养技术技能型人才的过程中，企业了解真实的生产工序、职业岗位的技术工艺要求，为获取满足需求的预期劳动力，企业有意愿深度参与人才培养的全过程，可见企业具备参与现代学徒制的主体意识与主体能力。然而，作为专门进行教育活动的职业院校，在校企合作中拥有源于传统的主导地位，其观念固化使企业的自由意志常常无法得到贯彻落实。事实上，以现代学徒制人才共育为目标，校企之间并不存在层级关系，而是一种建立在契约基础之上、以任务为导向的组织间的协作关系。因此，需要以制度供给赋予企业主体资格，弱化院校的传统优势地位，形成二者之间平等对话协商的互动格局：一方面，要以契约形式明确企业在参与联合人才培养中的合法权益，确保其在培养方案、课程、教学项目开发中的合理合法介入。另一方面，要强化第三方的外部协调能力。企业与职业院校分属不同的社会部门，遵循不同的行动逻辑；行业协会作为第三方，是沟通企业与院校的桥梁与纽带。因此，要合理赋予行业协会在开展现代学徒制人才培养中的管理权力、仲裁权，充分发挥其在解决校企之间协调问题方面的积极作用。

【参考文献】

[1] 庄宏献. 交易利益论[M]. 上海：上海三联书店，2006.

[2] 周琳，梁宁森. 现代学徒制建构的实践症结及对策探析[J]. 中国高教研究，2016
（1）：103-106.

[3] 贾文胜，潘建峰，梁宁森. 高职院校现代学徒制构建的制度瓶颈及实践探索[J]. 华
东师范大学学报（教育科学版），2017，35（1）：47-53.

[4] 关晶，石伟平. 现代学徒制之"现代性"辨析[J]. 教育研究，2014，35（10）：97-102.

[5] 张启富. 高职院校试行现代学徒制：困境与实践策略[J]. 教育发展研究，2015，35
（3）：45-51.

[6] 奥利弗·E. 威廉姆森，西德尼·G. 温特. 企业的性质：起源、演变和发展[M]. 姚
海鑫，邢源源，译. 北京：商务印书馆，2007.

[7] 杜启平，熊霞. 高等职业教育实施现代学徒制的瓶颈与对策[J]. 高教探索，2015（3）：
74-77.

[8] 吴建设. 高职教育推行现代学徒制亟待解决的五大难题[J]. 高等教育研究，2014，
35（7）：41-45.

[9] 肖凤翔，李亚昕. 论企业参与现代职业教育治理的制度供给路径：基于交易费用的
分析方法[J]. 教育研究，2016，37（8）：57-63.

[10] 辛鸣. 制度论：关于制度哲学的理论建构[M]. 北京：人民出版社，2005.

[11] 斯蒂芬·沃依格特. 制度经济学[M]. 史世伟，黄莎莉，刘斌，等，译. 北京：中
国社会科学出版社，2016.

[12] 亚当·斯密. 道德情操论（中英双语典藏本）[M]. 谢宗林，译. 北京：中央编译
出版社，2009.

[13] 郭湛. 主体性哲学：人的存在及其意义[M]. 北京：中国人民大学出版社，2011.

面向东盟培养区域特色物流专业人才的探索

李卫东[①]　　吴砚峰[②]

广西作为中国面向东盟的国际大通道，战略地位重要，地理优势明显，是中国-东盟农产品过境的重要集散地，广西发展现代物流业具有巨大的市场空间和潜力，这为高职院校物流管理专业的发展提供了机遇。但高职院校同时也面临着物流管理类专业方向多、人才培养定位困难的问题。

广西职业技术学院抓住这个机会，主动服务东盟物流业发展需要，以"冷链物流、跨境物流"为特色，培养对接区域经济发展的人才，有力支撑了广西社会经济的发展，取得了良好的育人效益和社会效益。

一、形成面向东盟的两大特色物流体系

（一）跨境物流服务：广西跨境贸易的发展

广西跨境贸易形式多样，发展迅速。广西边境地区毗邻自然环境复杂、经济落后的越南北部山区，由东向西有防城港市防城区以及东兴、宁明、凭祥、龙州、大新、靖西和那坡 8 个县（市、区）与越南接壤。近几年，越南跨境物流发展迅速，边境小额贸易频繁。以 2015 年进出口货物为例，广西凭祥口岸的边境小额贸易量达 141 万吨，占全国的 21.00%。从贸易额上看，2016 年广西跨境电子商务交易额约占进出口交易总额的 10.40%，高达 330 亿元（人民币），体量很大，并且在 2017 年上半年仍保持着高速增长的势头。

广西物流业发展迅速，有超过 2 000 家各种类型的物流企业。其中，主营业务年收入超过 500 万元（人民币）的企业有 300 多家，这些物流企

---

① 李卫东，广西职业技术学院（现工作单位：广西开放大学、广西信息职业技术学院）。

② 吴砚峰，广西职业技术学院。

业的业务大多与跨境物流相关。随着中国–东盟自由贸易区建设不断深入，以及零关税在中国与东盟国家的全面实现，跨境物流的发展将进一步加快。因此，不管是服务广西经济发展，还是服务中国–东盟跨境贸易的发展，都需要精心打造跨境物流。

（二）冷链物流服务：中国–东盟贸易的发展

根据商务部的统计，2016 年中国–东盟贸易额高达 4 522 亿美元，东盟占中国对外贸易额的比重进一步提升，中国与东盟的经贸合作持续深入。2017 年的前 5 个月，中国–东盟贸易增速达到 16.20%，仍然保持着持续增长的态势，比全国平均贸易增速高 3.20%。其中，中国从东盟国家进口 868 亿美元，对东盟国家出口 1 088.6 亿美元。越南《西贡解放日报》2017 年 7 月的报道称，2016 年中国进口了 52.3 万吨火龙果，其中 99.00% 来自越南。目前，中国–东盟贸易发展增速快，且主要是农副产品等冷链物流产品。因此，不管是从服务中国–东盟贸易的大局出发，还是对接广西边境物流产业发展的需要，都需要特色冷链物流的支撑。

二、对接产业需求改革人才培养模式

为了满足广西物流行业企业对物流管理专业人才的需求，广西职业技术学院积极行动、主动对接行业组织，由广西物流与采购联合会牵头，联合 40 余家"行、校、企"单位，如广西防城港金桥国际物流有限公司、广西源头农场等组建了行业型的广西物流职业教育集团，共同分析物流人才需求特征，协同发展；搭建多元育人平台，通过课程共用、专业共建、实训基地等资源共享、中高职衔接培养、企业在职员工教育培训、科技项目服务等，形成紧密型的校企合作关系，更好地推动人才培养模式改革。广西职业技术学院以现代学徒制和订单式人才培养为突破口，开展人才培养模式改革。

（一）引入现代学徒制，改革人才培养模式

为满足面向东盟的国际化物流人才需求，广西职业技术学院引入英国

标准，依托广西职业技术学院作为教育部第一批现代学徒制试点单位的优势，改革人才培养模式，以更好地提高人才培养的契合度和有效性。广西职业技术学院物流专业依托多元合作办学平台，联合广西德邦物流有限公司、圆通速递有限公司、广东新邦物流有限公司广西分公司等企业，引入英国现代学徒制，探索"先招生后招工、招生即招工"等适合广西区域产业特色的现代学徒制招生招工方式；初步建立起不同招生方式下的校企"双主体"育人机制、成本分担机制和学徒学习制度；创新不同招生方式下的人才培养模式及其运行机制，构建以企业为主导、基于企业岗位关键能力和综合素质需求的课程体系；建立学徒标准、师傅标准、职业资格标准及其相应的选拔制度、考核评价机制与激励机制。广西职业技术学院健全现代学徒制的支持与保障政策，维护学生的合法权益和保证学生的合理报酬，逐步建立起行业积极参与、社会热情支持、企业和院校"双主体"育人的现代学徒制，为现代学徒制培养提供了示范和经验借鉴。

（二）创新发展"分方向订单式校企互补型"人才培养模式

广西职业技术学院为满足第三方物流企业的人才需求，根据物流管理专业学生历年就业特点和物流业态发展情况，创造性地提出在跨境物流、冷链物流等专业方向深入实践"分方向订单式校企互补型"人才培养模式的思路；依托广西物流职业教育集团各成员单位，校企共育跨境物流和冷链物流人才，以校企合作项目为载体，与合作企业实施订单式人才培养，积极推行"分方向订单式校企互补型"人才培养模式。学生在校的 3 年间，前两年依照基本素质要求和物流职业技能要求，主要通过校内专业课程学习、校内单项实训和综合实训、假期社会实践、短期顶岗实践等途径，进行业务模拟实训和专项技能训练，着力培养从事物流工作的基本技能。第三年，在教师的指导下，学生根据个人的职业发展意愿自主选择第三方企业的订单方向，进入合作企业进行顶岗实习。校企双方共同对学生的顶岗实习进行管理，共同对实习效果进行评价，形成"分方向订单式校企互补型"人才培养模式。

三、"政、行、校、企"协同发展，优化物流专业课程体系

（一）"政、行、校、企"协同，实现实训基地前移并稳步推进课程实习实训

广西职业技术学院的物流实训基地是中央财政支持建设的实训基地，该实训基地建有物流市场营销、仓储管理等 13 个实训室。物流基地的建设突出了冷链物流和跨境物流的特色。广西职业技术学院拥有校外实训基地 30 个，可为学生提供农产品冷链物流、跨境物流等实训教学，但以模拟、仿真和系统练习为主，学生对真实工作环境的感知性较差。为此，广西职业技术学院积极联合政府相关部门、物流企业等，为实训课程打下扎实基础。2017 年 5 月，广西职业技术学院与凭祥市政府签订了职业教育战略合作协议，凭祥市成为广西职业技术学院物流管理专业学生的校外实习基地，成功把实训基地前移到跨境物流、冷链物流的一线。为了充分体现专业培养特色，使学生掌握跨境物流、冷链物流的专业知识，广西职业技术学院每年组织学生到凭祥综合保税物流区、凭祥万通物流园、凭祥边境贸易监管中心进行专业岗位实习，结合专业实训，提升学生的专业能力。

（二）"行、校、企"协同，构建共享型信息化专业课程体系

广西职业技术学院将物联网、大数据、移动互联网等新技术应用于教学，在广西物流行业职业教育教学委员会的指导下，校企合作打造出精品资源课程、专业教学资源库和慕课相结合的信息化课程，重构课程教学形式，激活学生的自主性、创造性，培养其可持续发展能力。

1. 行业指导，共建精品课程

校企合作建设"集装箱运输实务"国家级精品资源共享课，提高专业课程共享深度。根据企业调研情况，课程团队从实际业务角度更新了 121 项教学资源，创建了 550 项新的教学资源，使课程内容更加系统化和实务化，达到好学易用的目的，为同类院校师生、企业员工和集装箱运输工作者提供了良好的学习资源。

2. 校企合作、校校联合，建设共享型广西物流管理专业数字资源库

广西职业技术学院建设了包括"农产品冷链物流""国际货运代理实务""采购与供应链管理""物流信息技术及应用""配送管理实务"等 10 门专业核心课程。在资源库建设过程中，广西职业技术学院创新了资源库建设及运行模式，形成行业、院校、政府、企业四方参与以及多方联动、产学研用一体化的资源建设模式；通过实施物流教学资源库项目，创新免费共享、全天候、全覆盖、易学便用的运行模式。此模式大大提高了广西高职院校物流管理专业教学资源的水平。开放性、共享性、线上线下全覆盖的运行模式惠及各类职业院校和物流行业企业，极大地提升了教学资源的产出效益，也为同类院校的学生和教师、物流企业从业者提供了一个良好的交流、学习平台。

3. 校企合作共同开发慕课，重构课程学习流程

为更好地提高学生的思维水平和职业素养，实现差异化教学和个性化学习于一体，广西职业技术学院物流管理专业以工作过程为导向重新构建课程体系，按照物流从业人员的职业岗位能力要求，重组和优化了课程内容，完成"外贸单证实务"等 5 门在线课程的慕课（MOOC），并在此基础上，实施了让学习更加灵活、主动以及让学生的参与度更强、基于慕课的翻转课堂教学模式，提高了课堂教学效率。

（三）校企协同，凸显专业特色的"工学结合"专业课程体系

根据广西边境物流产业的发展需要，实行"校企协同""校企合作"，以培养适应广西边境地区产业发展的跨境物流、冷链物流人才为目标，广西职业技术学院适时调整了物流管理专业人才培养方向，明确了以冷链物流和跨境物流为专业特色的人才培养方向，致力于培养了解边境地区冷链物流、跨境物流发展规律，掌握冷链物流、跨境物流操作流程、相关标准和技术等操作实务，能从事边境物流企业相关业务管理、运营等工作的技术技能人才。

校企协同，针对冷链物流、跨境物流人才的岗位特点和素质要求，结合冷链物流、跨境物流的作业过程，广西职业技术学院构建了具有跨境、冷链两大特色的物流专业课程体系。

校企合作，按照物流管理人才职业岗位的任职要求，结合最新的物流技术，积极引入物流行业标准，结合工作实际，以物流工作过程为导向，以实际项目为载体，以典型物流任务为驱动，以物流工作岗位技能要求为培养目标，从知识、素质和能力 3 个方面构建专业培养目标，进行课程整合和课程开发，创建注重物流实践能力的培养，突出人才培养的专业特色、区域特色和行业特色的"工学结合"专业课程体系。

四、人才培养质量显著提升，有力支撑了区域特色物流业的发展

广西职业技术学院面向东盟打造冷链物流和跨境物流专业特色，取得了丰硕的成果。麦可思的报告显示，广西职业技术学院 2016 届物流管理专业毕业生在毕业半年后月均收入达到 2 896.00 元，既高于全校平均水平，也高于全国平均水平；就业率一直保持在 95.00%以上，就业质量和水平在广西壮族自治区内遥遥领先。①截至 2018 年，广西职业技术学院物流管理专业学生在各类技能大赛中，曾获得一等奖 5 项，二等奖 10 项，三等奖 20 项。广西职业技术学院至今已吸引 4 批次来自老挝、泰国、印度尼西亚、柬埔寨等国家的留学生来校学习物流管理专业。

广西职业技术学院物流管理专业师资团队也取得了长足进步。近 5 年，团队成员主持各类课题 30 项，获得国家教学成果奖二等奖 1 项，省级（自治区级）教学成果一等奖 1 项和三等奖 1 项；获得国家授权专利 10 项；公开发表论文约 160 篇，出版教材 15 部；主持发布《广西物流行业人才需求报告》，参与国家物流管理类专业教学标准制定，物流实训基地成为广西物流技能竞赛主赛场。

---

① 麦可思数据有限公司. 广西职业技术学院 2016 届应届毕业生培养质量评价报告[R]. 成都：麦可思数据有限公司，2019.

【参考文献】

[1] 郭静. 建设特色品牌专业 助推广西边境职教发展：广西职业技术学院"面向广西边境地区打造物流特色品牌专业"的研究与实践[J]. 中国职业技术教育，2017（22）：22-27.

[2] 吴砚峰. 基于中国–东盟自由贸易区物流业发展的物流信息技术课程开发研究[J]. 广西教育，2014（3）：70-72.

[3] 吴砚峰，李建春. 基于物流实训基地的实训课程开发研究[J]. 中国职业技术教育，2012（20）：45-46.

[4] 杨从亚，高春津. 物流信息技术专业建设的思考与探索[J]. 职教论坛，2008（8）：40-42.

高职现代物流管理专业现代学徒制标准体系构建

吴砚峰[①]

从 2014 年国务院印发《国务院关于加快发展现代职业教育的决定》(国发〔2014〕19 号)开始,到 2015 年 8 月 5 日教育部公布首批现代学徒制试点单位,再到 2018 年 8 月 1 日第三批试点单位的确定,标志着现代学徒制试点已经进入普及化时期,并且成为中国特色的职业教育人才培养模式之一,实行现代学徒制已上升为国家人力资源开发的重要战略举措。在此背景下,结合职业院校专业目录的调整,建立新目录下研究现代物流管理专业的现代学徒制标准体系显得非常迫切。

一、研究依据

2019 年 1 月,国务院发布的"职教 20 条"明确提出要"总结现代学徒制和企业新型学徒制试点经验,校企共同研究制定人才培养方案,及时将新技术、新工艺、新规范纳入教学标准和教学内容,强化学生实习实训"。同时,该文件要求:至 2022 年,建成覆盖大部分行业领域、具有国际先进水平的中国职业教育标准体系,专业教学标准、课程标准、顶岗实习标准在职业院校落地实施。2019 年 6 月,教育部又颁发了《国务院办公厅关于全面推进现代学徒制工作的通知》(教职成厅〔2019〕12 号),标志着现代学徒制正式在全国职业院校中开始得到大范围推进。广西职业技术学院现代物流管理专业作为教育部首批现代学徒制试点专业,研究构建现代物流管理专业现代学徒制标准体系依据充分,并与我国职业教育发展要求紧密契合。

---

① 吴砚峰,广西职业技术学院。

二、研究意义

（一）构建与专业发展相适应的现代学徒制标准体系，符合当前职业教育发展方向

2012 年，广西职业技术学院被确定为国家骨干示范校建设单位，广西职业技术学院物流管理专业被确定为国家重点建设专业。广西职业技术学院物流管理专业与 10 多家优质物流企业联合开展"订单培养"，探索"以师傅带徒弟"的人才培养模式，初步建立了现代学徒制标准体系，为产教融合、校企融合，以及深入开展现代学徒制人才培养工作积累了丰富的办学经验。2015 年 8 月，广西职业技术学院物流管理专业被确定为教育部首批现代学徒制试点专业；随后承担了全国物流行指委"物流管理专业现代学徒制标准体系构建"项目，广西壮族自治区教育厅"现代学徒制标准输出"、"广西职业教育物流管理专业群研究基地"、"中英现代学徒制课程标准体系建设的实践研究——以物流管理专业为例"、教育部国家创新团队专项"物流管理专业现代学徒制标准体系构建研究"等多个重点项目和课题。广西职业技术学院物流管理专业以项目和课题为载体，在不断研究和实践中形成了较为成熟的现代学徒制标准体系，这一体系是贯彻与落实"职教 20 条"的具体体现。

（二）标准体系与现代学徒制参与主体的关系密切，具有较高的实际应用价值

目前全国有 410 所高职院校作为现代学徒制试点单位参与试点，经过 5 年多的试点探索，已经取得丰富的实践成果。在试点过程中，标准的缺失是当前现代学徒制试点亟需解决的问题；研究现代学徒制标准体系对于现代学徒制的各个参与单位具有较高的实际应用价值。对于学校而言，研究现代学徒制的人才培养标准体系，是保障和提高教学质量的关键条件，也是为了贯彻"职教 20 条"和《职业教育提质培优行动计划（2020—2023 年）》的文件精神。对企业而言，以企业岗位职业技能标准和职业道德规范构建现代学徒制标准体系，企业参与物流专业的现代学徒制标准体系的构

建，相当于直接参与了物流人才培养的全过程，可以补齐企业培训的短板，为企业储备人才，促进企业技术进步。对于学生而言，被按照现代学徒制标准体系进行精准培养，帮助学生从学校到企业顺利过渡，基本实现了从学习到工作的无缝对接，减少在过渡过程中产生的问题。对于整个物流行业而言，构建物流管理专业的现代学徒制课程标准体系，可以针对企业进行更加广泛的推广，可以提升物流行业的竞争力，加快物流行业企业转型升级[1]。

三、研究步骤

（一）确定标准体系的研究内容

新形势下物流新业态不断涌现，现代学徒制标准体系的构建既要考虑现代物流管理专业现代学徒制的各个主体，即学校、企业、学徒、师傅、第三方评估机构的现实状况；也要研究现代学徒制的人才培养方案，包括岗位、课程、培养过程等标准；从而规范现代学徒制培养各参与主体的行为，促进参与现代学徒制项目的单位按照高标准培养现代学徒，提高现代学徒制人才培养质量[2]。

1. 现代学徒制人才培养主体的准入标准

职业院校作为现代学徒制试点的主体，制定标准时要考虑职业院校在办学规模、实训条件、师资团队、办学质量、专业招生规模、专业培养质量等方面满足的条件，以便于因地制宜地参与现代物流管理专业现代学徒制培养。

2. 现代学徒制合作企业的准入标准

现代物流管理专业现代学徒制的合作企业必须是优中选优的物流企业，既要考虑企业的规模、经营效益、员工素养、社会贡献等方面，还要考虑企业的社会影响力和地位，在物流行业中的推广能力，以及企业参与现代物流管理专业现代学徒制培养需要满足何种标准。

3. 现代学徒制第三方评估机构的准入标准

对于现代学徒制试点的评估评价，引入第三方才会比较公正公平。因此，第三方机构在诚信、经营规模、评估经验、社会贡献等方面满足何种标准，才能参与现代物流管理专业现代学徒制评估。

4. 现代学徒制学校导师的准入标准

校企联合培训学徒，对学校导师的要求要比对普通教师高。对于现代物流管理专业的学校导师，在企业经历、年龄、职称、学历、教学经验、行业企业经验、职业道德、业绩考核等方面满足何种标准才能参与现代物流管理专业现代学徒制培养工作。

5. 现代学徒制企业导师的准入标准

作为学徒在企业的导师，在年龄、工作岗位、工作经验、职业道德、业绩考核、专业能力等方面满足何种标准才能参与现代物流管理专业现代学徒制培养。

6. 现代学徒制的学徒准入标准

参与现代学徒制试点的职业院校学生，其在专业成绩、专业水平、思想品德、学习能力、可塑性等方面满足何种标准才能参与现代物流管理专业现代学徒制培养。

7. 现代学徒制人才培养方案标准

现代学徒制人才培养方案标准包括课程设置、岗位设置、理论与实践课程比例、岗位与课程考核方式等方面，必须符合现代学徒制人才培养需求。

8. 现代学徒制的学徒出师标准

现代物流管理专业的学徒的出师标准包括综合业绩情况、岗位考核、课程考核、职业道德考核、团队协作、职业证书获取等方面的标准。学徒满足这些方面的哪些标准要求才能出师。

（二）明确标准体系的研究重点和难点

通过对物流行业企业的岗位分析，结合职业院校现代学徒制人才培养的实际情况，明确现代学徒制标准体系构建的重点和难点，才能有的放矢，做好标准体系构建，指导试点工作。

1. 现代学徒制培养的体制机制

学校、企业、第三方机构建立紧密合作型创新平台，创建分工与职责明确、高效运转的体制机制，才能共同构建现代物流管理专业现代学徒制课程体系。因此，现代学徒制人才培养模式的运行机制至关重要。

2. 现代学徒制的课程标准体系

根据现代学徒制合作企业的岗位技能标准和职业道德规范，以及教育行政部门对现代物流管理专业学生的具体培养标准，构建能够充分体现物流行业、社会经济发展与高职教育改革成果的现代学徒制课程体系模块，才能保证现代学徒制的培养质量。

3. 学徒培养过程监督与质量考核体系

制定由学校、企业、第三方机构组成的"三方协同"的全程考核与评价体系，监督现代学徒制培养过程的规范性与合理性，才能保障现代学徒制培养质量，使现代物流管理专业现代学徒制得到社会和物流行业、企业、学校的充分认可[3]。

（三）主要研究目标

1. 构建现代学徒制课程标准体系

通过对现代学徒制标准体系制定的研究，探寻学校、企业、第三方机构协同创新平台的路径，共同构建与实施物流管理专业现代学徒制"学徒标准+学生标准"的课程体系，确保现代学徒制的培养质量。

2. 探索理论与实践一体化教育教学模式

校企通过现代学徒制标准体系的研究，探索一种理论与实践高度结合的人才培养和教学模式，从而提升广西职业技术学院现代物流管理专业教学质量，促进广西职业教育发展，为我国高职教育改革添砖加瓦。

3. 提升现代物流管理专业人才培养质量

通过现代学徒制标准体系的研究，采用新的人才培养方式，全面贯彻以工作岗位为本位的学习为主的人才培养模式，践行"学中做，做中学"的职业教育理念，使学生既能掌握理论基础知识、具备职业后续发展的技能和素养，同时还能培育学生工作技能以外的职业素质，使学生成长为成熟的职业人，促进学生充分就业，提升其就业质量。

4. 构建现代学徒制标准体系，助推现代物流行业转型升级

通过对现代学徒制标准体系的研究，探寻一条企业积极参与现代学徒制课程体系构建与实施的有效途径，使企业充分参与现代学徒制培养的全过程，培养符合本企业以及本行业急需的物流管理专业人才；通过对现代学徒制

标准课程体系的制定与推广，从而有利于推动我国整个物流行业的转型升级，促进经济与社会发展。

四、现代学徒制标准体系构建的思路

根据前期现代学徒制试点经验，有目的、有计划并严格按照"实证调查—理论分析—实践应用—境内外推广"的思路进行现代学徒制标准体系构建。广西职业技术学院以"引进—改造—应用—输出"为研究路径，引进英国先进的现代学徒制培养标准，结合中国职业教育特色和中国物流行业的业态发展现状进行本土化改造，形成了中国特色的物流管理专业现代学徒制标准体系，创新了现代学徒制的人才培养模式，并向国内职业院校、东盟留学生以及东盟国家的职业院校推广[4]。

（一）对国外先进标准进行本土化改造

通过对比分析，广西职业技术学院引进英国现代学徒制系列标准，按照我国物流行业实际情况及未来发展趋势对英国现代学徒制系列标准进行本土化改造，与其他职业学校、企业、物流行业、第三方机构共同制定了富有中国特色的现代物流管理专业现代学徒制标准体系。这个现代学徒制标准体系从三个维度入手：第一个维度是现代学徒制培养参与单位的准入标准，包括现代学徒制合作企业的遴选标准、职业院校的准入标准、第三方评估机构的准入标准；第二个维度是现代学徒制培养主体的选拔标准，包括企业导师选拔标准、学校导师选拔标准、学生学徒选拔标准；第三个维度是现代学徒制培养标准，包括现代学徒制人才培养标准、学徒出师标准[5]。

（二）创新现代学徒制人才培养模式

现代物流管理专业现代学徒制标准体系初步制定后，为检验该标准体系的科学性和可行性，现代学徒制项目指导单位、参与学校以及企业、第三方评估机构四方协同，联合开展基于现代学徒制标准体系的现代学徒制人才培养试点工作，中国物流与采购联合会全过程指导现代学徒制培养，广西职业技术学院和企业"双主体"培养现代学徒，第三方负责现代学徒培养的质量监督与评价。四方分工明确、协作紧密，提高了现代学徒培养的科学性和合理性，为现代学徒制标准体系的最终制定打下了坚实基础。

五、构建现代学徒制标准体系的建议

综上所述，构建现代物流管理专业现代学徒制标准体系，至少包括八个方面的内容，分为四个层面：第一层面即遴选出监督评价机构，即第三方机构的准入标准；第二个层面是培养主体的准入标准，即合作的物流企业的准入标准和职业院校的准入标准；第三个层面是人才的标准，即学徒选择标准以及校、企导师准入标准；第四个层面即培养标准，包括现代学徒制的培养标准和出师标准。因此，建议现代物流管理专业学徒制标准体系的构建如图1所示。

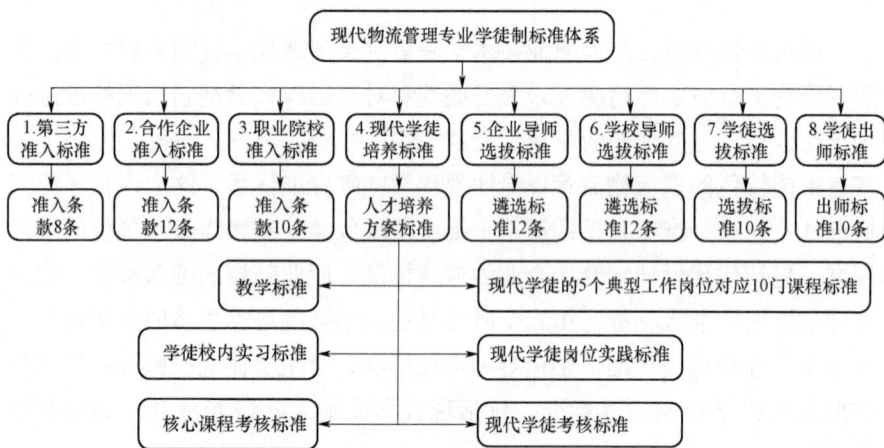

图1　现代学徒制标准体系

六、结语

现代学徒制标准体系的制定，既要考虑专业的实际情况，又要起到提高门槛、规范管理的作用。以现代物流管理专业为例，构建现代学徒制标准体系，不但要包括第三方评价机构的准入标准，而且要有合作企业与职业院校的准入标准；不仅要对企业导师和学校导师的资格进行规范，还要对学徒出师进行标准化考核。只有这样，才能更好地制定可行的现代学徒制标准，构建中国特色的现代学徒制标准体系。

【参考文献】

［1］陈诗慧. 欧洲职业教育现代学徒制的特色、经验与启示[J]. 教育与职业，2017（15）：35-40.

［2］杨清，吴立鸿. 四方协同创新现代学徒制人才培养模式的探索与实践[J]. 教育评论，2018（6）：85-88.

［3］关晶，石伟平. 西方现代学徒制的特征及启示[J]. 职业技术教育，2011，32（31）：77-83.

［4］佘松涛，万军梅. 英国现代学徒制实施情况及其对我国的启示[J]. 职教论坛，2013（15）：91-96.

［5］吴砚峰. 英法两国现代学徒制的比较与启示[J]. 广西职业技术学院学报，2018，11（3）：35-38.

企业参与现代学徒制人才培养的
动机分析与对策研究

李爱雄①　陈艺璇②

2014 年 8 月，《教育部关于开展现代学徒制试点工作的意见》（教职成〔2014〕9 号）印发，对现代学徒制试点工作的内涵和保障机制等提出了明确要求[1]。自 2015 年以来，教育部分三批共遴选了 562 个现代学徒制试点单位和行业试点牵头单位[2]。

一、现代学徒制研究现状

国内学者关于现代学徒制的研究主要集中在现代学徒制的内涵和特征分析、不同国家现代学徒制人才培养典型做法的对比研究，以及对我国现代学徒制实施中存在的问题与对策分析等方面。

（一）现代学徒制的内涵与特征研究

早期关于现代学徒制的研究主要集中在其内涵与特征分析方面。赵鹏飞等人结合清远职业技术学院现代学徒制人才培养的实践，指出现代学徒制包含企业双元育人、交替训教、岗位培养、学徒双重身份、工学交替、岗位成才等特征[3]。赵志群等人指出现代学徒制是将传统的学徒培养与学校教育相结合的一种人才培养模式[4]。关晶等人从功能目的、教育性质、制度和机制、教学组织等方面分析了现代学徒制的"现代性"[5]。宾恩林等人从师徒结构、技能形成、学徒制度建构、师徒体系等角度分析了市场化视野下的现代学徒制特征与内涵[6]。这些研究为现代学徒制后续的研究

---

① 李爱雄，广西职业技术学院。
② 陈艺璇，广西职业技术学院。

与实践奠定了良好的理论基础。

（二）现代学徒制的国际研究分析

关晶等人对以德国为代表的西欧国家的现代学徒制以及以英国为代表的英语系国家的现代学徒制的典型做法进行了比较分析，并建议借鉴和引进国外现代学徒制的做法来深化我国职业教育改革[7]。李梦卿等人从技术、经费、管理、教育理念等方面比较了澳大利亚、德国、法国、英国等国家现代学徒制的典型做法，建议我国要充分发挥政府、企业和学校等各个现代学徒制人才培养利益相关方的作用[8]。李铭辉指出，英国和德国现代学徒制的经验做法是在统一的资格框架下实施双元制课程教学，建议我国从等级证书、课程和教学等方面探索现代学徒制人才培养[9]。吴砚峰在分析英国、德国和法国等欧洲国家，以及澳大利亚的现代学徒制做法的基础上，指出我国现代学徒制的研究方向[10]。赵鹏飞等人则从现代学徒制的共性要素、主体责权利、组织管理体系等方面开展了对现代学徒制的国际比较研究[11]。

（三）现代学徒制实施中存在的问题和对策研究

针对我国职业院校现代学徒制人才培养中普遍存在的"政府热、学校热，企业冷、学生冷"问题，张启富从保障机制、企业经济利益、学生职业生涯发展、学校综合实力等方面分析了该现象产生的原因，建议改变现代学徒制的考评方式，并建立完善的质量保障机制[12]。胡文鹏等人的研究表明，行业协会的参与程度会显著地影响现代学徒制的实施成效，建议政府制定相关政策引导行业协会参与现代学徒制人才培养[13]。潘玉成针对学校与企业参与现代学徒制人才培养的利益诉求差异及学校课程设置不符合现代学徒制人才培养目标、企业导师教育能力欠缺等问题，提出要加强外部环境建设，通过现代学徒制人才培养课程体系重构、"双师型"教学团队打造、教学管理与评价机制改革等途径完善现代学徒制的人才培养模式[14]。张敏等人强调我国的现代学徒制人才培养一方面需要完善政府、行业与社会支持下的校企"双主体"育人机制；另一方面还要创新人才培养制度和标准[15]。

二、企业参与现代学徒制人才培养的动机分析

随着教育部现代学徒制试点工作的不断推进，越来越多的企业参与现代学徒制人才培养，与各院校共同开展现代学徒制人才培养的探索与实践。企业主要基于以下几个动机参与现代学徒制人才培养。

（一）成本利益动机

企业存在的主要目的是营利，因此节省成本成为企业参与现代学徒制人才培养最主要的动机。对广西职业技术学院校企合作的 75 家企业进行相关调查，结果显示：93.30% 的企业期望通过参与现代学徒制人才培养来降低企业的运营成本。

第一，降低企业的人员招聘成本。参与现代学徒制培养的学生在毕业后即进入对应的企业工作，一方面节省了企业招聘人员的差旅费等管理费用；另一方面还能帮助企业节省招聘广告宣传费、招聘会场地费、中介费等招聘直接成本。

第二，降低企业的人才培训成本。参与现代学徒制的学生在校期间已经接受过企业文化、工作流程、岗位技能等内容的培训，学生在入职后即可立即进入工作状态，不需要进行额外的入职培训，这降低了企业对新员工的培训成本。

第三，减少人员招聘中的信息不对称。新员工离职率高是大多数企业面临的经营痛点，不仅导致企业前期招聘成本和培训成本的浪费，还在一定程度上影响企业的正常运转。新员工离职的主要原因就在于其入职前对企业的了解不足导致入职后的不适应、与期望落差太大，或新员工能力、素质无法胜任岗位要求。但采取现代学徒制方式培养的学徒在入职前就对企业有了充分的了解，对企业的认可度较高；并且企业在现代学徒制人才培养过程中有充足的时间去判断学徒能否胜任企业岗位要求，因此入职的学徒离职率会远低于其他新员工，这降低了企业招聘和培训成本。

第四，获取政府补贴和税收优惠。2018 年 2 月，教育部等六部门联

合印发《职业学校校企合作促进办法》；各省、自治区、直辖市也出台了关于企业参与办学的相关政策。这些政策文件从企业员工培训、校企合作开发职业培训、学生实习等不同领域，通过财政税收、金融、用地、政府采购等激励措施支持企业参与校企合作办学。

（二）人才储备动机

人力资源的质量和数量关乎企业的生存与发展。通过对 75 家与广西职业技术学院进行校企合作的企业进行调查与分析，有 66 家即占总数量88.00%的企业表示，它们寄希望于参与现代学徒制人才培养能成为企业获得满足其岗位能力要求的人才的途径。当前不少企业在进行人才招聘时不仅面临招工难的现实，还面临招聘的人才无法完全满足岗位能力要求的难题。因此，人力资源储备和人力资本专用性就成了企业参与现代学徒制人才培养的重要原因，前者体现的是企业对人力资源数量的需求，后者反映的是企业对人力资源质量的要求[16]。在我国现代学徒制试点中，主要采取"先招生后招工""招生即招工""先招工后招生"这 3 种招生招工形式，但无论采取哪一种形式，学徒都需要经历学校教育和企业培养两个阶段。在校期间，学生需要参加统一的公共课和专业基础课的学习；而在企业培养阶段，学生则是在企业导师的指导下完成某一特定岗位的工作任务。由于参与现代学徒制培养的学徒实习和就业都在同一企业的类似岗位，这不仅降低了企业获取人才的难度，还大大地提高了现代学徒制培养的人才专用性。这大大提高了企业参与现代学徒制人才培养的积极性。

（三）企业技能提升的动机

我国的科研力量主要聚集在各个高等院校以及科研院所[17]，因此，企业需要加强与国内各个高等院校、科研院所等的合作，以此来获得企业发展所需的新技术、新工艺，破解各种经营和技术难题。不仅如此，依靠企业自身的力量开展技术研发还具有风险大和成本高等缺点。当今世界科技进步速度可谓日新月异，人们知识和能力更新换代的周期越来越短，一些企业的员工面临着知识和技能难以跟上社会发展的问题。因此，许多企业尝试通过校企合作的形式与高等院校加强合作。通过参与现代学徒制人才培养，企业不仅能将真实工作场景和任务、企业面临的各项难题等导入学校的教研活动，与校内师生共同开展教研合作，还能利用合作院校的师资力量和设备帮助企业攻克各项经营和技术难关，借助合作院校的师资力量加强对企业员工的在职培训，一举多得。本次调查的 75 家校企合作企业中，69.30%的企业期望通过参与现代学徒制人才培养加强企业与学校的产学研合作，借助学校的资源开展员工培训。

（四）企业声誉提升动机

企业的发展离不开人，教育为企业提供了源源不断的人才供给，企业除了需要按照法律法规缴纳教育费附加和地方教育附加，还肩负着参与人才培养的责任和义务。在德国，大多数企业将参与职业培训作为企业应承担的社会责任，即使有部分学徒在培训结束后未进入该企业工作，但从全社会的劳动力供给市场来看，行业技能人才质量和数量的提升对行业内各个企业都是利好因素，因此德国企业对"双元制"人才培养模式的认可度和参与度都较高。通过参与现代学徒制人才培养，不仅可以扩大企业的知名度，还可以帮助企业树立社会责任感强的公众形象，提升企业的社会声誉。良好的社会声誉不仅能提高消费者对企业及其产品的认可度，促进其产品销售，还能增强企业与各利益相关者的合作意愿，强化企业和上下游供应商、经销商的良好合作关系，提高企业市场应变能力。此外，良好的社会声誉还能显著地提升企业对人才的吸引力，吸引优秀人才进入企业工作。本次调查的 75 家校企合作企业中，84.00%的企业认可参与人才培养是企业应尽的社会责任，且参与人才培养能提升公众对企业的评价。

三、企业参与现代学徒制人才培养动力不足的原因分析

企业参与现代学徒制人才培养的动机因企业不同而存在一定的差异，但从现阶段我国现代学徒制试点工作的实施情况来看，"学校热、企业冷"的问题依然十分突出。其原因主要有以下几个方面。

（一）企业的短视行为

企业是以营利为目的的经济组织，其参与校企合作办学意愿的高低主要取决于合作的成本与收益[18]。现代学徒制是校内教师和企业导师联合对参与的学生进行技术技能培养的一种人才培养模式，因此，需要企业在联合培养期内持续不断地投入人力、物力和财力。以追求培养期内学徒的生产价值为主的企业，在学徒培养期内，可以通过学徒参与生产性实习实训、完成企业的实际生产任务来获取一定的收益，从而在一定程度上弥补企业投入的成本。但多数情况下，企业投入的成本难以在学徒培养期内得到完全补偿，导致企业感知的投入成本远大于所得到的有效收益；而参与培养的企业也无法确保学徒学成后一定会去参与培养的企业工作，即使学成后的学徒去对应的企业就业，也难以保证他们能在足够长的时间内留在对应企业的工作岗位为企业效力，相当于企业投入资源为其他企业甚至竞争对手培养人才，导致企业的长远利益也无法得到保障。因此，许多企业将参与现代学徒制人才培养视为成本高但收益却很低的一项投资。针对参与广西职业技术学院现代学徒制试点工作的企业的反馈调查显示：接近一半的企业反映参与现代学徒制人才培养的成本投入大于企业从中获得的收益，部分企业出于人情等因素考虑会继续参与现代学徒制人才培养，但有的企业考虑退出现代学徒制人才培养。

（二）学校的人才培养质量难以满足企业要求

企业参与现代学徒制人才培养的一大动机就是解决企业人才需求的质量和数量问题，但当前学校培养的人才质量难以满足企业的发展需要，这已经成为影响企业有效参与现代学徒制人才培养的重要因素。

首先，部分学校对现代学徒制试点工作重视程度不够。现代学徒制人才培养的培养方案、课程设置、教学安排、考核机制等方面都与普通人才的培养存在较大的差异，增加了学校教学组织与管理的工作量，但有的学校图省事而对现代学徒制试点应付了事，仅仅是与企业签订了现代学徒制人才培养协议，安排学生到合作企业顶岗实习，并未实质性地开展现代学徒制人才培养。

其次，学校的人才培养难以兼顾人才的通用性和专用性两个方面。在现代学徒制人才培养中，学校根据合作企业的岗位能力要求，与企业共同制定现代学徒制人才培养的课程和培养体系。但不同企业的岗位设置和工作流程都存在一定的差异，导致按照现代学徒制人才培养模式培养出来的人才尽管能胜任该企业的工作岗位，但不一定能契合其他企业的需求。学校出于对学生未来长远发展的考虑，在人才培养上会更侧重于学生通用能力的培养，不能完全满足合作企业对人才专用性的要求。

第三，一些学校存在师资力量薄弱、研发能力欠缺、实训和实习设施设备比较落后等问题，也使一些企业并非出于真实意愿，而是碍于情面参与现代学徒制人才培养，导致校企合作深度不够，一般只是简单地安排企业导师来校授课、企业接收学生实习和就业；也难以吸引行业里的龙头企业参与学校现代学徒制人才培养，无法形成行业示范效应和扩大现代学徒制的影响力。笔者调查、走访发现，参与广西职业技术学院现代学徒制人才培养的 21 家企业中，有 9 家企业表示学生在企业培养的时间较短，在人才专用性方面稍显不足，这也导致了学徒出师后跳槽的比例较高；11 家企业表示学校在社会服务方面对参与现代学徒制人才培养的企业的作用较为有限。

（三）学生和家长对现代学徒制人才培养方式认知不足

无论采取哪一种现代学徒制招生招工形式，参与现代学徒制人才培养的学生都扮演着"学校的学生"和"企业的员工"的双重角色，入学即就业。但许多参与现代学徒制人才培养的学生对自身的身份认知不足：部分学生把参与现代学徒制人才培养当成轻松获得文凭的捷径，即能够逃避校内众多公共基础课和专业课程的学习，在企业培养期间工作态度也比较消极，抱怨情绪较多，这导致现代学徒制人才培养达不到企业岗位要求，无法使企业实现获得高技能人才的目标；学生对自身双重身份认知不足，还导致许多学生只是把现代学徒制当作一种技术技能培训方式，因此在学成毕业后一旦有更好的就业机会，他们就会违背契约精神，选择去待遇更高的企业工作，降低了学徒在参与现代学徒制人才培养的企业的留任率，损害了企业的长期利益。当前开展现代学徒制人才培养的学校以职业院校为主，其人才培养目标更侧重于学生（学徒）技能的培养，学生（学徒）需要在企业导师的指导下在校内实训基地或企业从事较多的技能型工作，这导致许多学生及家长在主观上认为参与现代学徒制人才培养就是当企业的廉价劳动力。笔者对广西职业技术学院 2021 级参与现代学徒制人才培养的学生及家长开展调查，结果显示：27.60%的学生和 55.20%的学生家长对现代学徒制人才培养方式的认可度较低，认为参与现代学徒制人才培养就是给企业做廉价劳动力；46.60%的学生表示今后不会选择继续去参与培养的企业工作。

四、提高企业对现代学徒制人才培养参与度的对策

企业参与度的高低是现代学徒制人才培养成功与否的关键。一方面要有参与企业的广度，即参与现代学徒制人才培养的企业数量，尤其是行业龙头企业的数量更为关键；另一方面还要有企业参与的深度，即企业对现代学徒制人才培养所需的人力、物力、财力的投入力度。当前，我国企业参与现代学徒制人才培养的广度和深度都不够。首先，表现在参与的行业龙头企业数量较少；其次，一些参与现代学徒制人才培养的企业只是局限于派遣企业导师到校授课或者接收学生实习和就业，远远达不到现代学徒制人才培养的要求，因此亟须加大我国企业参与现代学徒制人才培养的广度和深度。

（一）企业要转变参与现代学徒制人才培养的观念

企业参与现代学徒制人才培养的短期利益主要来自学生（学徒）在校内从事生产性实训或在企业完成相关岗位工作创造的价值；长期利益则来自学生（学徒）学成出师后进入企业工作为企业创造的价值。当前我国现代学徒制培养出来的学徒的留任率较低，使得参与现代学徒制人才培养的企业前期的投入打了水漂，导致以"积累企业发展所需的技术技能型人才"为目标的"投资导向"的企业转向以"生产导向"为目标，主要安排学徒从事简单重复的工作，这不利于学生技术技能的培养。不仅如此，由于学生（学徒）身负"学校的学生"和"企业的员工"这两个身份，因此用于

企业价值创造的时间也比较有限，不足以弥补企业在现代学徒制人才培养中投入的高额成本。因此，企业需要转变对参与现代学徒制人才培养的认知。一方面，企业不能把参与现代学徒制人才培养当成企业的负担，而应该认识到参与人才培养是企业应尽的社会责任，尤其是对于行业内规模以上企业而言，它们更应该肩负为整个行业培养人才的重任，只有整个行业发展好了，这些企业才能从中获得更大的利益；另一方面，通过行业内大型企业的示范作用带动其他企业也参与进来，共同致力于整个行业人才数量的增加和人才质量的提升。不仅如此，企业参与现代学徒制人才培养带给企业社会声誉的提升，这是进行很多广告宣传都无法换来的，这些间接收益足以抵消企业在现代学徒制人才培养中的投入。在德国，大多数参与现代学徒制人才培养的企业采取的是以追求人力资本投资为主的"投资导向"策略，并且将参与现代学徒制人才培养视为企业应尽的义务。在他们看来，即便学徒出师后并没有留在本企业，但提高了整个劳动力市场的人员素质，对于本企业依然具有较大的价值。

（二）政府要加强对现代学徒制人才培养参与企业的引导和约束

满足自身发展所需是企业参与现代学徒制人才培养的主要目的，但如果政府能通过政策对企业的行为进行引导，将有助于提高企业参与现代学徒制人才培养的积极性，并且能使企业参与办学的行为更加规范化、法治化。

第一，通过政府购买等支持校企合作，鼓励金融机构为校企合作的企业提供融资支持，对企业接收学徒发生的合理支出予以税收减免等[19]。

第二，在制定产业发展规划、产业激励政策时，要将促进企业参与校企合作当作一项重要的内容。

第三，建立现代学徒制人才培养成效的考核机制，并根据考核结果对相关企业、企业导师和优秀学生（学徒）给予奖励。这一方面满足了企业、企业导师和学生（学徒）的精神需求；另一方面还能通过物质奖励激发企业、企业导师的积极性，吸引优秀的学生参与到现代学徒制人才培养中来，共同提高现代学徒制人才培养质量。

第四，以法律的形式明确现代学徒制人才培养中学校、企业、校内和校外导师、学生等各参与方的权利和义务，既要保障参与现代学徒制人才培养的企业的合法利益，同时也要规范它们在人才培养中的行为，避免企业的行为损害到学生（学徒）和学校的利益，以保障该项教育制度的顺利推进。

（三）学校要做好现代学徒制人才培养的设计与管理

学校是现代学徒制人才培养的主体之一，要做好现代学徒制人才培养的整体设计与管理，确保培养出来的学生能胜任企业的岗位要求，这样才能激发企业参与的积极性。

第一，学校与企业一起建立校企合作共赢、校企深度融合的现代学徒制人才培养机制和"协同管理，共同治理"的内部保障机制，确保各参与方的利益。

第二，学校与企业一起做好现代学徒制人才培养准入标准体系设计，包括学徒准入标准、企业准入标准、学校导师和企业导师准入标准、学徒出师标准等[20]，把好学徒的准入关和准出关。

第三，学校要根据企业岗位需求等，与企业共同制定现代学徒制人才培养的校内课程体系和企业培训体系，并根据行业和企业的发展变化及时地进行调整。

第四，学校加强现代学徒制人才培养和校内导师队伍建设，定期安排校内导师到企业轮岗、实践，提升校内导师的技能和研发水平，并协助企业破解经营和技术难题，增进校企联系与合作。

第五，学校做好校内实训基地建设，为学生提供必要的实训场所和设备。

第六，学校积极配合企业做好企业参与现代学徒制人才培养后的相关优惠获取和补贴的申报工作。

第七，学校全方位开展现代学徒制人才培养成效评价，及时总结现代学徒制人才培养实施中的不足并不断进行改进，持续完善现代学徒制人才培养的机制。

（四）学生要努力提升自身专业技能和职业素养

参与现代学徒制人才培养的学生同时扮演着"学校的学生"和"企业

的员工"这两个角色，在享受双重权利的同时，也应履行双重的义务。但当前的政策、协议等对参与现代学徒制人才培养的学生行为的约束较少。从学生的角度来看，他们参与现代学徒制人才培养的主要目的是更好地就业，因此一旦有了更好的就业机会选择，有些学生就很可能会违背契约精神；甚至有部分学生把参与现代学徒制人才培养当成拿到文凭和找工作的捷径，在参与现代学徒制人才培养过程中消极怠工，最终达不到企业对岗位能力的要求。在健全的劳动力市场中，劳动者的能力和职业素养两者都至关重要：一个没有职业道德的员工，即使能力再强也不会得到企业的重用。因此，在现代学徒制人才培养中，学校和企业不能把重心只是放在学生专业技能的培养上，还要帮助学生认识到自身的双重身份以及他们需要遵守的相关合约，使其明确认识到违约将带给他们严重后果；将诚实守信、工匠精神等思政元素融入现代学徒制人才培养中，强化学生的职业素养培育。

五、结语

现代学徒制人才培养模式是深化产教融合与校企合作的重要举措。经过教育部现代学徒制前三批的试点，现代学徒制的发展已经取得了一定的成果，形成了一些现代学徒制的标准体系、合作机制，并产生了一些典型案例。企业出于降低经营成本、获取优秀人才、提高企业声誉等目的，对参与现代学徒制人才培养具有较强的意愿。但受当前我国现代学徒制人才培养质量不高、学生和家长对现代学徒制认知不足等因素的影响，企业参与现代学徒制人才培养的动机并未得到充分的激发，导致我国现代学徒制试点中"学校热、企业冷"的问题一直未能得到很好的解决。因此，需要政府、学校、行业企业、学生和家长等各个参与方共同努力，形成现代学徒制人才培养的良性循环，提升我国技术技能人才培养的质量。

【参考文献】

[1] 中华人民共和国教育部. 教育部关于开展现代学徒制试点工作的意见[J]. 职业技术，2014（10）：18-19.

[2] 高明，高鸿. 从"试点论证"到"中国特色"：我国现代学徒制研究的回溯与展望[J]. 职教论坛，2022，38（4）：110-119.

[3] 赵鹏飞，陈秀虎."现代学徒制"的实践与思考[J]. 中国职业技术教育，2013（12）：38-44.

[4] 赵志群，陈俊兰. 现代学徒制建设：现代职业教育制度的重要补充[J]. 北京社会科学，2014（1）：28-32.

[5] 关晶，石伟平. 现代学徒制之"现代性"辨析[J]. 教育研究，2014，35（10）：97-102.

[6] 宾恩林，徐国庆. 市场化视野下现代学徒制的"现代性"内涵分析[J]. 现代教育管理，2016（6）：80-84.

[7] 关晶，石伟平. 西方现代学徒制的特征及启示[J]. 职业技术教育，2011，32（31）：77-83.

[8] 李梦卿，杨妍旻. 现代学徒制发展的诸种背景要素支撑功能比较研究[J]. 职教论坛，2013（16）：19-23.

[9] 李铭辉. 英德现代学徒制教育方法及启示[J]. 中国高等教育，2014（7）：62-63.

[10] 吴砚峰. 中外现代学徒制发展研究综述与展望[J]. 广西职业技术学院学报，2021，14（5）：77-82.

[11] 赵鹏飞，刘武军，罗涛，等. 现代学徒制中国实践、国际比较与未来展望[J]. 职教论坛，2021，37（12）：6-11.

[12] 张启富. 高职院校试行现代学徒制：困境与实践策略[J]. 教育发展研究，2015，35（3）：45-51.

[13] 胡文鹏，鲁丽彬，刘静. 利益的博弈与补偿：行业协会参与现代学徒制改革的动力研究[J]. 北京财贸职业学院学报，2015，31（6）：35-39.

[14] 潘玉成. 高职院校开展现代学徒制的困境与对策[J]. 职业技术教育，2018，39（2）：15-19.

[15] 张敏，戴小红."双高计划"背景下中国特色现代学徒制发展路径研究[J]. 教育与职业，2021（24）：39-42.

[16] 吴儒练. 欠发达地区企业参与职业教育的意愿、动因及影响因素研究[J]. 职业教育研究，2019（5）：5-10.

[17] 陶泱霖. 企业参与职业教育校企合作的动因、冲突结构与消弭之策[J]. 教育与职业，2018（23）：31-37.

［18］ 冉云芳，石伟平. 企业参与职业院校校企合作成本、收益构成及差异性分析：基于浙江和上海 67 家企业的调查[J]. 高等教育研究，2015，36（9）：56-66.

［19］ 中华人民共和国教育部. 教育部等六部门关于印发《职业学校校企合作促进办法》的通知（教职成〔2018〕1 号）[A/OL].（2018-02-05）[2025-01-22]. http：// www.gov.cn.cn/xinwen/ 2018-02/20content_ 5267767.htm.

［20］ 吴砚峰. 高职现代物流管理专业现代学徒制标准体系构建[J]. 物流技术，2021，40（12）：152-155.

基于生态系统理论的现代学徒制人才培养研究

李飞诚[①]

现代学徒制是教育部根据《国务院关于加快发展现代职业教育的决定》（国发〔2014〕19 号），借鉴西方学徒制经验，自 2015 年开始在我国职业教育领域推行的一项试验。现代学徒制是一种全新的深层次职业教育的"工学结合"人才培养形式，分类推进试点在政策、保障、模式、机制、标准等多个方面已实现了点上的突破，但现代学徒制也仍然存在一些问题。从生态系统的角度来说，现代学徒制还不是一个完整且成熟的生态系统。

一、理论框架

现代学徒制在我国经过省（自治区、直辖市）级政府和地方政府的试点后，于 2019 年成为职业教育改革发展的一项重要举措并正式落地，现代学徒制成为我国职业教育研究中的热点，产生了大量的研究成果。2017 年后，研究内容从原本的体系构建、理论探索变成了更深层次的反思和思考[1]。吴砚峰认为，国家层面的制度设计是现代学徒制发展的基础与保障，完善的法律体系能确立现代学徒制的社会地位；健全的现代学徒制运行机制可以提高行业企业参与现代学徒制的积极性，保证现代学徒制发展的可持续性[2]。何斌提出把政府、行业协会、企业和高职院校置于现代学徒制的构建体系中，实现各个共生单元的互相激励，最终构建一个和谐共生的高职现代学徒制[3]。喻红艳指出现代学徒制的实施困境主要体现在"学校热、企业冷"、校企合作协议流于形式、职责模糊等方面，而供给侧结构性改革要求实现"均衡""匹配"[4]。焦红卫、隋梦琪、隋立国从利益相关者理论出发，分析现代学徒制推进过程中高职人才培养各参与方的责任、权益，

---

① 李飞诚，广西职业技术学院。

从培养高素质技术技能人才的角度出发，对高职现代学徒制人才培养模式进行探索和实践，提出推进现代学徒制的有效策略[5]。胡新岗、黄银云、沈璐在分析中国特色现代学徒制时代意蕴和推行逻辑的基础上，提出中国特色现代学徒制的优化路径：政府加强顶层设计；行业组织与社会机构依法履行职业教育的职责和义务；职业学校坚持质量治理；企业依法履行为社会建设开发技能型人力资源的主体责任；健全校企"双主体"育人体制机制；创新教学管理运行机制[6]。

英国生物学家坦斯利认为，生命系统与环境系统组成的有机复合体就是生态系统，系统内部诸要素之间保持动态平衡与协调；系统内各种生物相互制约、相互依存、协同进化[7]。心理学家布朗芬布伦纳把人类生存成长的社会环境看作是一种社会性的生态系统，强调环境在人的发展中的作用，将环境分为四个层面：微观系统、中间系统、外层系统和宏观系统[8]。查尔斯·扎斯特罗将个体的社会生态系统简化为微观系统、中观系统以及宏观系统三种基本类型[9]。克雷明依据生物学中生态学的原理，特别是生态系统整体性、多样性、生态平衡等原理与机制，研究在教育领域出现的各种问题，提出"教育生态学"概念[10]。本文基于布朗芬布伦纳的社会生态系统理论框架，从微观系统、中间系统、外层系统和宏观系统方面分析现代学徒制。

二、现代学徒制生态系统的构成

现代学徒制人才培养模式涉及政策环境、教育、行业、企业、家庭、学徒等方方面面的要素，具有广泛的社会性，各方面相互关联、相互影响，具备社会生态系统的特性。按照布朗芬布伦纳社会生态系统理论，现代学徒制生态系统由微观系统、中间系统、外层系统和宏观系统构成。微观系统包括现代学徒制的个体，主要是学徒和导师；中间系统为企业、学校等具体实施现代学徒制的主体；外层系统包括行业、主管部门、办学联合体等在内的现代学徒制的举办组织，是联系中间系统和宏观系统的桥梁；宏观系统包括政治、经济、文化、自然等现代学徒制实施的外部环境，如图1所示。

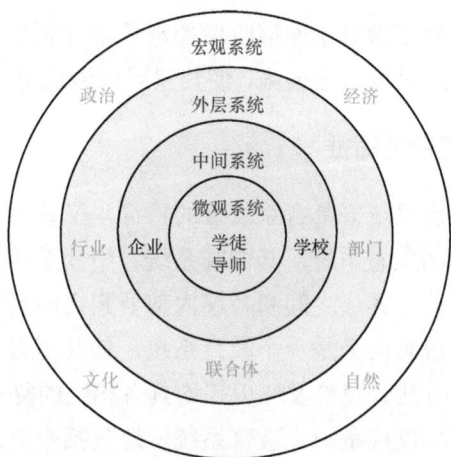

图 1　现代学徒制生态系统结构

　　现代学徒制生态系统中，外层系统的教育主管部门、行业等机构，根据我国政治、经济、文化、自然等宏观系统环境，负责制定适合我国国情的政策，是现代学徒制生态系统运作所遵循的规则的制定者；作为实施现代学徒制的主体，由企业、学校构成的中间系统，遵循规则，制定标准、方案等具体运行体制、机制；微观系统中，导师与学徒最为直接、最为频繁地面对面交流并影响学徒的成长过程。

三、现代学徒制生态系统的特征

　　自然生态系统是指在一定的时间和空间范围内，生物与环境、生物与生物之间通过物质循环、能量流动和信息传递构成的具有特定结构的功能整体[11]。自然生态系统历经产生—发展—成熟的过程，从发展到成熟期，其功能、结构、能量流动、物质循环，均处于动态稳定的状态，谓之"生态平衡"。

　　社会生态系统具有与自然生态系统类似的特征。现代学徒制生态系统属于社会生态系统，稳定成熟的现代学徒制生态系统，应具有整体性、自组织性、复杂性、开放性、动态性、可持续（稳定）性等生态平衡的特征。我国的现代学徒制正处于产生—发展阶段，在推进现代学徒制人才培养的过程中，我们更需要了解处于发展阶段的现代学徒制生态系统的特征，通过分析并有针对性地采取干预措施，使其发展成为稳定、成熟的生态系统。

（一）系统-复杂性特征

现代学徒制生态系统既具有系统性的特征，又兼具复杂性的特点。发展阶段的现代学徒制生态系统，其微观系统、中间系统、外层系统和宏观系统是一个有机整体，各层之间和各层内部要素之间是相互关联、相互影响的。这个有机系统表面上是一个教育系统，就此而言，其教育目标、对象、内容、过程、方法、评价及环境等均具有相当的复杂性[12]。而且，现代学徒制生态系统不仅仅是一个教育系统，还包括企业活动、校企合作、国际化融合等内容，因此是一个极其复杂的系统。

（二）开放-动态性特征

现代学徒制作为一个社会生态系统，是一个开放的系统。试点单位有院校、企业等，院校包括中高职院校，企业有国企、民企、小微、外资等不同性质的企业，行业也不仅仅局限于某一行业，因此具有开放性特征。"世界不是一成不变的事物的集合体，而是过程的集合体，其中各个似乎稳定的事物以及它们在我们头脑中的思想映象即概念，都处于生成和死亡的变化中。"[13]现代学徒制生态系统无论内部还是外部，都在不断地发展变化之中，系统需要通过自身调节与更新，以内部的动态调整适应不断变化的环境，适应社会、同步发展，达到系统自身的动态稳定状态。

（三）多样-冲突性特征

处于发展阶段的现代学徒制的生态系统并不完善，具有系统的多样-冲突性特征。系统中的学徒、导师、学校、企业等要素从思想以及角色到能力、目标等方面都存在差异，这种多样性必然产生矛盾和冲突，有物质方面的、思想方面的以及兼具物质与思想方面的冲突，也有个体与个体之间的、集团与集团之间的以及个人和整体之间的冲突，这些冲突具有普遍性，但不是社会的"病态"，而是常态。复杂的社会体系生来就是不稳定的，不平衡所产生的冲突导致了要求变革的压力，这种压力就是一个契机，就是社会发展的动力[14]。

四、现代学徒制生态系统的动力分析

自然生态系统是生物与环境相互作用形成的整体，需要一种动力——能量来整合和驱动，以维持系统的动态平衡和可持续发展。现代学徒制生态系统的存续与发展同样需要动力。

（一）企业需求是现代学徒制生态系统的原动力

现代学徒制的最根本目的是培养人才——学徒，最终为企业所用。如果企业能从现代学徒制中获得可用之才、获得发展之利、获得切实好处，企业就会产生源源不断的需求，乐于投入人力物力。相反，企业没有益处、没有意愿、没有兴趣，靠政府、行业、院校的作用使企业勉强参与，其效果可想而知。因此，企业的真正需求是现代学徒制生态系统的原动力。

（二）人才培养标准是现代学徒制生态系统的内驱力

健康的自然生态系统通过做功，实现自我维持、自我调节和自我修复。物体做功就需要能量，系统内每个个体均需获取能量来维持自身的生存。

现代学徒制人才培养标准与能量一样，具有某些共同的特征。

首先是决定性。能量是自然生态系统存续的基础，没有能量的存在，自然生态系统内所有单元将面临死亡，整个系统也将不复存在。同理，没有人才培养标准，现代学徒制人才培养便是无源之水、无本之木，现代学徒制生态系统便不可能实现良性循环。

其次是整合性。自然生态系统由大量单元组成，其最终目的是获得能量，维持生存，正是这一终极目标，整合了整个自然生态系统。同样，以现代学徒制人才培养标准作为共同目标，可以有效聚焦，将学徒、院校和企业的行动统一到这个目标上来。

因此，人才培养标准是现代学徒制生态系统的内动力。

（三）人才培养标准的推广是现代学徒制生态系统的驱动力

能量流动是自然生态系统的重要功能，在自然生态系统中，生物与环境、生物与生物间的密切联系是通过能量流动来实现的，正是能量的流动，使得自然生态系统充满动力。现代学徒制生态系统要实现平衡和发展，也同样需要驱动力——通过现代学徒制人才培养标准的推广实现动力的流动——从而使整个系统具有发展动力。因此，现代学徒制人才培养标准的推广，与自然生态系统中的能量流动一样，起到关键驱动作用，决定现代学徒制生态系统的存续和发展。

五、现代学徒制生态系统存在的问题

现代学徒制人才培养在我国开展试点和进行推广的时间不长，还没有形成完整、成熟的生态体系，整个系统尚存在亟须解决的问题。

（一）人才培养标准并未真正成为系统的内驱力

目前，人才培养标准的制定往往是由学校主导，少量企业被动、象征性地参与，其标准有局限性，内容往往不能体现整体行业发展对技能和人才的真正需求，因而人才培养标准缺乏认可度。而认可度的缺乏，直接导致由一个企业培养出来的学徒，到了另外一个企业——即使没有跨行业——也往往需要接受较长时间的类似岗前培训，而不能直接持证上岗，学徒证书的认可度和通用性被大打折扣。

（二）"食物链"和"能量链"未能完全建立

现代学徒制人才培养标准的制定，甚至标准的推广，都缺乏完善的体制和机制。政府、行业、企业和院校之间缺乏完善的规划和协调机制，未能形成有效的合力来促进标准的推广。标准按何种程序制定、如何认定成为标准、如何推行和实施、如何检查效果、如何改进，一整套的运行体制机制尚未建立或尚待完善，也直接成为现代学徒制人才培养标准推广的阻碍。

（三）中间系统的参与主体活跃度不够

企业的参与热情不高是推广现代学徒制的另一个痛点。其主要原因在于企业得不到实惠，得不到培养学徒所带来的实实在在的好处。一方面，企业只看到自身的人力、财力、精力的付出，却得不到切实的经济利益回报。另一方面，企业参与培养的学徒中的一部分也存在质量不高、无法胜任工作岗位的情况，而优秀的学徒又留不住，有流失的可能。因而，企业认为自己是花费人力、物力和精力"为他人作嫁衣裳"，积极性自然无法得到提高。由于对企业的经营没有直接的贡献，企业对学徒培养标准的制定、执行、参与意愿不强；而院校在现代学徒制人才培养标准的推广中，往往需要凭借与企业的"关系"来推动，这导致出现"一头热一头冷"的尴尬局面。

（四）微观系统的参与个体意愿不强

学徒证书的认可度不高，以及现代学徒制对学徒的职业生涯发展的作用缺乏确定性，导致家长和学生的参与意愿不强。在招收学徒时，学校和企业费尽心机，报名者却寥寥无几。甚至在培养过程中，学徒中途放弃的情况也时有发生。

六、完善现代学徒制生态系统的路径

自然界的生态系统有大有小，小如一片草地、一池水洼，大如湖泊、海洋以及森林、草原，都能构成自然生态系统。不同的自然环境造就了差异化的自然生态系统，也就是说，自然生态系统是必须与所处的自然环境相适应的。在中国推行现代学徒制，必须符合中国特色的政治、经济、文化、社会和自然等大环境的要求。中国现代学徒制人才培养标准的推广，必须走政府主导、行业实施、校企合作的现代学徒制标准的制定、实施和推广的中国特色路径。

（一）外层系统：加强顶层设计，增强系统动力

自秦始皇统一中国以来，中国就实行中央集权制政治制度，在这种政

治生态系统中所推行的改革和实践，往往是自上而下进行的，而顶层设计则是最合理、有效的行动，这需要现代学徒制参与者从国家和社会发展层面高度统筹考虑。现代学徒制生态系统需要国家从社会发展的高度统筹各层次和各要素，追根溯源、统揽全局，从高层次上制定方案，符合企业需求、统一培养标准，以增强现代学徒制系统的原动力和内驱力。

顶层设计必须是一体化设计，政府部门要综合考虑产业增长、企业发展、教育提质和学徒个人成长，出台相关扶持政策；行业主管部门要制定和出台相应的行业标准，使得现代学徒制人才标准建立在一个共同认可的行业标准之上，提高其社会认可度和接受度，教育部门要统筹行业人才培养、院校教育、企业人才需求和学徒个人成长关系，抓好师资培养和资源库建设，以现代学徒证书为抓手，以"学分银行"为桥梁，结合"1+X"试点工作，实现学历教育和行业、企业培训的融通。

（二）中间系统：构建有效的系统运作模式

从自然生态系统的运作原理来看，生产者、消费者和分解者紧密联系，以有效的食物链和食物网维系能量的有效流动。现代学徒制生态系统与自然生态系统一样，都需要一套高效、合理的运作模式来维护系统的平衡与稳定。

1. 创新培养模式

现代学徒制生态系统同样需要一种有效的运作模式，也就是人才培养模式，这种模式必须适应我国政治、经济、文化、社会和自然等宏观环境，能够整合现代学徒制生态系统的微观系统、中间系统和外层系统并能有序运作。这种有效的模式，必须建立在利益共享的基础上。这就需要：一方面，探索新的人才培养模式，让企业参与学徒的招生、培养，共享财政拨款和学费收入；另一方面，探索企业间学徒流动付费制度，学徒流向其他企业应向培养企业支付一定标准的、类似球员"转会"的费用，解决企业"为他人作嫁衣裳"的担忧。

2. 打造认证体系

人才流动是社会经济正常运行的必然现象，要让接收学徒的企业支付"转会"费，必须让企业觉得物有所值，也就是学徒培养的质量要得到企业的认可。根据国情创立一套现代学徒制认证体系是学徒培养质量的制度保证，要强化第三方认证的权威性、公正性和客观性；第三方认证机构不能脱离行业和企业，将其认证工作仅仅作为一门赚钱的"生意"；要探索第三方认证机构的人员构成、运行机制、认证方式和认证内容的内在规律并不断创新，确保认证结果得到社会和企业的认可，确保学徒值得用人单位付出"转会费"。

（三）微观系统：增强个体的能力和意愿

个体的健康对生态系统的平衡起到决定性作用，只有系统中的个体保持活力，才能维持能量的传递，保持系统的活力。同样，在现代学徒制生态系统中，作为微观系统的个体也要保持活力，以保证系统的正常运作。

1. 提高教师素质

现代学徒制人才培养标准需要具体的人去执行，高标准需要高素质的人去落实，才能不打折扣。要求院校教师的技能水平向企业导师看齐，与要求企业导师达到院校教师的理论水平一样不太现实，"互补"成为最现实的选项。然而，这并不排斥"双师"素质教师培养的重要性，重要的是既要提高院校教师和企业导师的素质，同时重点探索"互补"的体制机制。院校教师要增进对企业生产标准、经营方式、技能要求指标的了解和掌握，以实现理论教育有的放矢。企业导师要跳出企业、职业的小格局，破除"教会徒弟，饿死师傅"的陈旧观念和排他意识，做到倾囊相授。

2. 推动身份认同

旧社会的学徒制虽然在一定程度上发挥着传授知识技能的功能，但实质上沦为剥削学徒的工具。新中国成立后，政府对旧社会的学徒制除了继承优良传统外，还进行了大力改造[15]。旧社会的学徒工，没有人身自由，没有工资收入，学徒契约实质是学徒被迫与老板签订的长期文契，学徒的社会地位十分低下。这种根深蒂固的社会看法时至今日仍有市场，其社会不认可、社会地位不高的现状是推进现代学徒制人才培养标准的羁绊。因此，需要营造良好的社会氛围，让学徒享有相应的社会地位。要将现代学徒制与工匠精神、技能报国联系起来，通过举办竞赛、宣传学徒事迹等形式讲好学徒故事，使学徒得到社会真正的尊重和认可。

3. 坚持文化传承

中国古代学徒制为社会培养人才的同时，也形成了完整的制度和体系，并且形成了独特的文化价值观念，而其核心就是将技艺、规范和职业道德融为一体，即工匠精神[16]。时至今日，现代学徒制标准的推广需要坚持汲取老祖宗留下的好东西，"德艺兼修、以德为先、尊师重道、敬业奉献、切磋琢磨、精益求精"等文化精髓需要发扬光大。当然，我们也必须扬弃历史的糟粕，如"一日为师，终身为父""背叛师门"等观念就完全不符合现代学徒制的现实要求——不管"师出何门"，重要的是要为建设国家出力、为中华民族伟大复兴服务。

七、结语

运行良好的现代学徒制无疑是培养高素质技能人才的有效模式。提高企业对学徒的需求以激发现代学徒制生态系统的原动力，制定学徒制人才培养标准以增强现代学徒制生态系统的内动力，推广学徒制人才培养标准以增加现代学徒制生态系统存续的驱动力，使现代学徒制的宏观系统、外层系统、中间系统和微观系统达到协调统一，有效运转。在我国推行现代学徒制，必须符合中国特色经济、文化、社会和自然等大环境的要求，增强原动力、内动力和驱动力，走一条政府主导、行业实施、校企合作的现代学徒制标准的制定、实施和推广的中国特色路径。

【参考文献】

[1] 刘家豪，朱伟鹏. 我国现代学徒制研究：主题、热点、演进与前沿：基于 CiteSpace 的知识图谱[J]. 工业技术与职业教育，2022，20（3）：46-51.

[2] 吴砚峰. 中外现代学徒制发展研究综述与展望[J]. 广西职业技术学院学报，2021，14（5）：77-82.

[3] 何斌. 共生理论视域下高职现代学徒制构建机理研究[J]. 湖南科技学院学报，2022，43（4）：73-76.

[4] 喻红艳. 供给侧改革背景下现代学徒制人才培养模式的实践探索[J]. 科教文汇，

2022（16）：92-94.

[5] 焦红卫，隋梦琪，隋立国. 利益相关者理论视域下现代学徒制内涵特征与推进策略：以潍坊工程职业学院为例[J]. 南方职业教育学刊，2022，12（4）：20-29

[6] 胡新岗，黄银云，沈璐. 中国特色现代学徒制的时代意蕴、推行逻辑和优化路径[J]. 教育与职业，2022（21）：102-106.

[7] 苏晓伟，杨雪. 政治生态系统的理论渊源及其特性[J]. 知与行，2016（11）：141-144.

[8] 马悦. 生态系统理论在社会工作中的运用[J]. 新闻文化建设，2020（7）：98-99.

[9] 梁昌秀. 基于社会生态系统理论的研究生政治理论学习体系构建[J]. 教育观察，2021，10（9）：21-24.

[10] 吴乾乾. 基于教育生态理论下的高校教师团队建设的实证研究[J]. 今日财富，2020（12）：130-131.

[11] 邓小泉. 中国教育生态系统的四个发展阶段[J]. 南通大学学报（社会科学版），2013，29（2）：100-106.

[12] 段胜峰. 教育复杂性及其对教育改革的启示[J]. 大学教育科学，2015（4）：19-22.

[13] 马克思，恩格斯. 马克思恩格斯全集（第21卷）[M]. 2版. 北京：人民出版社，2003.

[14] 李培挺. 重思马克思社会冲突理论：发展的动力机制之揭示[J]. 山东科技大学学报（社会科学版），2007（5）：20-23.

[15] 徐旻. 我国学徒制发展史略[J]. 时代教育，2017（20）：7-8.

[16] 高海霞，王琳. 学徒制与工匠精神培育的内在逻辑和现实策略：基于中国古代学徒制的研究[J]. 北京工业职业技术学院学报，2019，18（4）：63-66.

物流管理专业现代学徒制人才培养模式研究与实践

——以广西职业技术学院为例

陈艺璇[①]

伴随"产教结合"向"产教融合"的演进，《国务院关于加快发展现代职业教育的决定》（国发〔2014〕19 号）、《教育部关于开展现代学徒制试点工作的意见》（教职成〔2014〕9 号）等文件陆续发布，标志着我国现代学徒制正式登上了职业教育的历史舞台。同年，国务院发布《物流业发展中长期规划（2014—2020)》，明确了物流业作为基础性、战略性产业的行业属性。在职业教育和行业发展的双重催化下，吸收国外学徒制度与中国教育制度合理内核的首批物流管理专业现代学徒制应运而生[1]。全国各地积极开展了物流管理专业现代学徒制培养的试点工作，无论是从国外引进经验还是从本土积极探索，物流管理专业现代学徒制人才培养模式与我国职业教育发展要求紧密契合，是增强服务区域经济发展能力的落脚点，也是物流管理职业教育改革发展的重点。

一、物流管理专业现代学徒制人才培养模式的研究意义

（一）与人才强国战略相呼应，符合新时代教育的新要求

物流人才支撑是建设物流强国必不可少的条件，在时代的发展进程中，物流管理专业现代学徒制备受重视，反映出产业对培养高质量物流管理学徒的产业期盼。因此，在《中共中央关于制定国民经济和社会发展第十四个五年规划和 2035 年远景目标的建议》、《中华人民共和国职业教育法》（1996 年 5 月 15 日第八届全国人民代表大会常务委员会第十九次会议通过 2022 年 4 月 20 日第十三届全国人民代表大会常务委员会第三十四次会议

---

① 陈艺璇，广西职业技术学院。

修订）相继发布后，现代学徒制上升到了国家制度层面并以法律的形式得以确立[2]。政府主导、产业支持、社会参与、教育支撑的自主人才培养体系是与时代发展相匹配的，尤其在"一带一路"倡议和"西部陆海新通道高质量建设"战略提出后，依托海外中资企业，面向东盟输出中国职业教育成果，如融合了"中文+物流技能"的现代学徒制。

（二）与物流行业发展相适应，符合产教融合的新思路

随着产业数字化转型升级，新业态、新模式、新技术不断涌现，智慧物流成为物流业的发展趋势，企业用人标准也越来越高，要求物流从业人员必须既懂物流业务又懂信息技术。企业要利用信息技术掌握物流实体运作和信息流转，应用物联网、云计算、大数据、人工智能等新兴技术辅助决策，从而提高物流效率，就需要一批有较强实践能力和创新能力的高质量技术技能人才。传统的顶岗实习和订单培养模式，在一定程度上存在职业精神缺失、内生动力不足、参与主体之间合作松散的问题。现代学徒制可以促进行业、学校、企业和第三方评价组织之间形成物质、信息、技术和师资等资源的共享机制，达到高质量技术技能人才"选育用留"的目标，对精准对接物流行业、企业需求具有重要的理论意义和现实意义。

二、物流管理专业现代学徒制人才培养模式存在的主要问题

（一）运行规范不足

现代学徒制是众多职业院校深化校企合作的重要举措，但在学徒准入、合作企业筛选、校企导师聘用、实施过程管控和学徒出师等环节往往缺乏统一、规范的标准，甚至出现同一院校与不同企业开展现代学徒制培养但培养要求不一致的情况。这样无章可循的现象容易导致物流管理专业现代学徒制人才培养质量良莠不齐。

（二）复合能力培养不强

在快速转型升级的物流行业中，大部分成熟的物流企业都会将资本重

心从一线技能型劳动力转向设备技术的投入。在智慧物流的发展新格局下，物流类岗位的知识结构和技术结构趋于融合，迫切需要能够清晰认知产业联动发展且具备跨专业、跨领域研究创新能力的复合型人才，引导学徒技能结构发生颠覆性的改变。学徒制最显著的特征是以师带徒、技能传承，在教学内容、课程体系和评估方式等方面都侧重于特定岗位专业技能的培养，学生应用转化能力、职业迁移能力较为欠缺。

（三）数字化技能不高

新一代信息技术的快速发展催化了物流模式的创新和职业岗位的更迭，同时又影响了学徒制认知、设计、实施与评价的全流程。现代学徒制实质上是面向岗位需求的专业教育，但在服务社会经济数字化转型中，人才培养与产业需求脱节的问题并没有得到根本性解决，需要对课程体系进行数字化升级，以求解决人才培养与产业需求对接不精准的问题。

（四）质量控制体系不完善

质量控制体系是衡量现代学徒制培养质量的重要途径。现有的现代学徒制人才培养质量控制体系不够完善，普遍存在评价主体单一化、评价内容片面化、岗位能力评价弱化等突出问题，使得现代学徒制人才培养质量难以得到客观的评价。

三、物流管理专业现代学徒制人才培养模式的理论逻辑

广西职业技术学院在探索中国特色学徒制创新发展新背景下，从系统论的视角出发，基于学校、企业、第三方评估机构和行业组织等四方责任共担、互惠互赢的宗旨，构建了逻辑、治理、实践"三闭环"的物流管理专业现代学徒制育人模型。第一，多元主体的利益诉求与政策主体的因势利导，与现代学徒"毕业即就业"的内生动力契合，为产教深度融合和人才培养提供了逻辑闭环；第二，通过组织设立、制度建设和常态化交流，形成"专业对接产业、课程对接岗位、实践对接生产、平台对接协同育人"的格局，在标准框架统领、资质规范、过程监控和评价基准作用下，形成

一个治理闭环；第三，通过"职业认知—技能传授—工学交替—全职实习"的现代学徒制学徒培养的四个阶段，把供应链服务思维、数智化商务技术"双能力耦合"培养的理念贯穿于人才培养全过程，实现技术赋能、铸造现代学徒向"职业人"蜕变，为现代学徒制提供价值规约与信息支撑，最终形成实践闭环。"三闭环"的物流管理专业现代学徒制育人模型如图1所示。

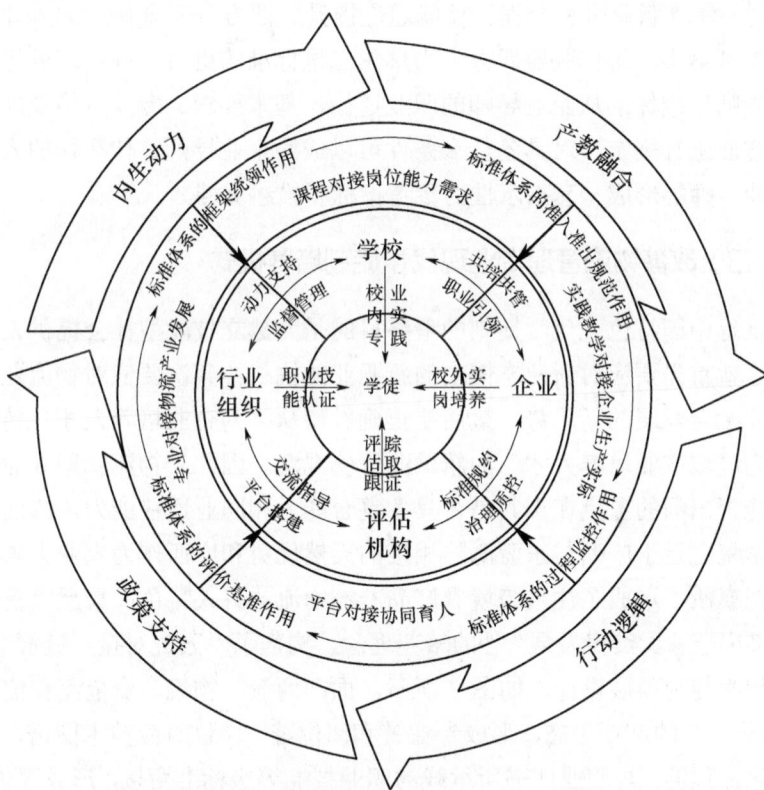

图1 "三闭环"的物流管理专业现代学徒制育人模型

四、物流管理专业现代学徒制人才培养模式的实践路径

（一）研制物流管理专业现代学徒制标准体系

在教育主管部门指导下，行业牵头对接企业，将不同类型人才对应引

入不同的企业，如外国留学生选择东盟地区的中资企业，中国学生按照冷链物流、跨境物流、智慧物流等培养方向选择本土企业。学校和企业共同执行学籍管理的具体工作，由第三方评估机构对学徒的培养过程进行监督与评核，缔结"行、校、企、评"的协作联盟，对学徒的培养工作齐抓共管。分工明确的现代学徒制运行机制，提高了现代学徒培养的科学性和合理性[3]，使"职业引领全程、技能递进提升、四方分工合作"的人才培养模式得到落实。协作联盟四方合力聚焦先进标准的引进、标准培养等。如企业导师选拔标准从企业导师的职业道德、基本要求、专业资格及能力要求等方面进行规定，对具备什么条件可以成为企业导师、什么样的人适合做企业导师等形成一套指示性的参考指标和描述文档。

（二）改善物流管理专业现代学徒制培养模式

推行中国特色现代学徒制的最终目的是为建立技能型社会提供人力支撑，这就首先要应对新业态催生的新职业的挑战；其次要应对物流业与其他行业融合发展的新趋势；最后要正确看待从"为企业培养人才"转变成为"为区域产业培养人才"的新就业价值观念。因此，物流管理专业现代学徒能否出师的重点在于其是否具备复合能力和职业迁移能力。广西职业技术学院立足于广西与东盟海陆相接的天然优势和广西作为农业大省区市的资源禀赋，形成了注重跨境农产品冷链物流的育人特色；秉承"首岗适应、多岗迁移、终身发展"[4]的培养理念，构建了"五链对接、链群联动"的现代学徒制顶层设计，如图 2 所示。面向商流、物流、资金流和信息流"四流合一"的产业生态，形成专业链和岗位链；岗位对应技术图谱，形成模块化课程链；与职业证书所承载的职业技能等级标准衔接，形成评价链；衔接学徒制培养标准、国家专业教学标准、国家职业标准和职业技能等级标准等，形成标准链。以标准链为映射，深化专业链、课程链、岗位链与评价链，构建标准引领、链群联动的学习系统，形成复合型人才培养合力，改变传统学徒制的单一培养方式。在三年培养期中，以项目贯穿设计了"校内实训平台—校内工坊—企业实践教学基地—企业顶岗实习"四个职业场景培养阶段。

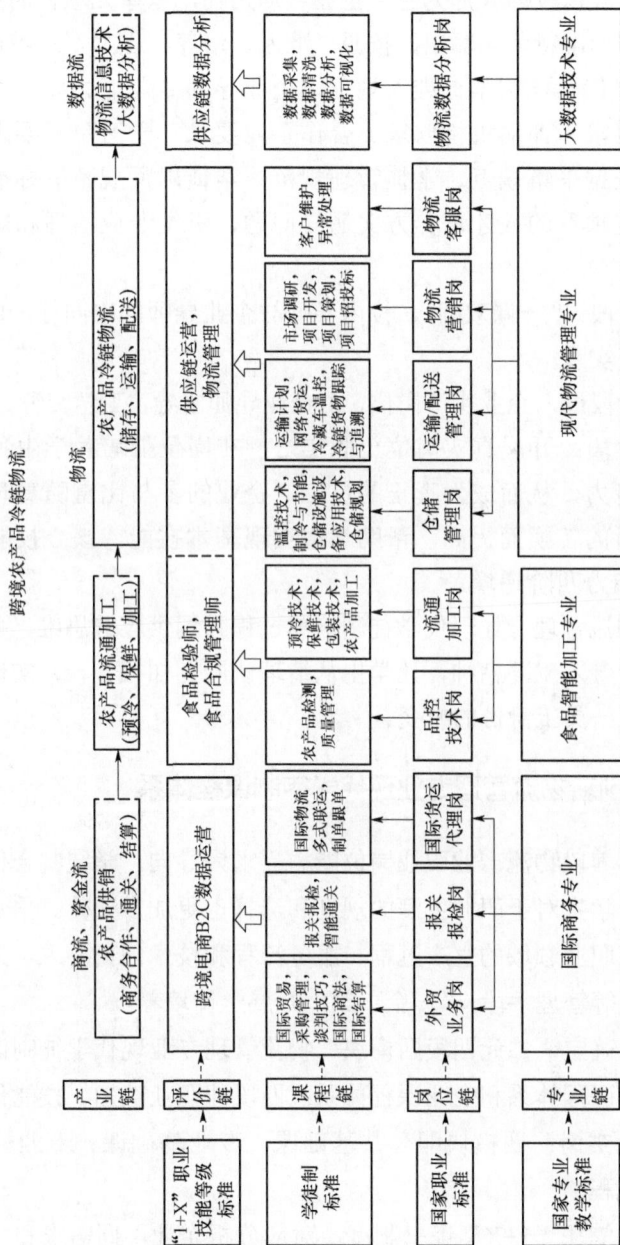

图 2 "五链对接、链群联动"的现代学徒制顶层设计

第一阶段以校内导师为主、企业导师为辅，以单元项目的形式开展本土化改造和标准特色化输出，按照"准入、培养、出师"三维循序渐进，共同研制现代学徒制学徒准入规范、企业导师专业能力要求、学校导师专业能力要求、评估机构要求、合作企业要求、学习单元要求、导师行为规范、证据采集规范、学徒管理规范、学徒出师规范等标准，解决不同企业学徒项目的人才培养方案迥异问题，引领专业治理和规范化培养实践。

第二阶段："一课双师"，校内导师与企业导师同向同行，以模拟项目的形式开展实践。

第三阶段进入企业实习岗位，由企业导师主导，工学交替、轮岗轮训。

第四阶段：开展真实岗位全职实习，在岗位上培养学生独立完成岗位要求的能力，从而成为真正的员工。企业的参与比重随着时间的推移和教学场所的转换而提高，帮助学生实现基本技能、核心技能、综合能力和实岗能力四阶递增。

整个物流管理专业现代学徒制培养过程强调供应链思维，并在职业培训各环节中融入工匠精神，让学生从情理认同到知行合一，实现学生—学徒—准员工—员工身份的蜕变。

（三）创新物流管理专业现代学徒制课程体系

学徒培养以物流产业职业岗位能力需求为导向，学徒制合作企业数量不断增加，学生对于职业生涯的规划和选择也更加多元化。聚焦相关细分领域，按照职业领域的生产过程、服务流程和技术创新要求，采取弹性学制和学分制等管理手段，"一企一策"开展学徒培养。

第一，确定"二元四段四模块"物流管理专业现代学徒制课程体系。二元即学校课程体系和企业课程体系；四段即职业认知、技能传授、工学交替和企业实岗；四模块即公共基础课、专业基础课、专业核心课程和专业拓展课程。

第二，依托"1+X"证书制度，对应分析企业不同需求和学生个性特点，从学徒制标准的80个任选能力单元中灵活组合来搭建能力模块，开展线上线下混合式教学改革，实现模块间教学分工协作。

第三，提升学徒的数字化技能以增强其适应性。通过数字化物流商业运营、数字化供应链运营等"3+1"平台课程帮助、培养学徒解决数字化应用场景下复杂物流问题的能力；在核心课程中，主动对接地方产业新业态，并对传统课程进行改造升级，如"智慧仓配运营""智慧运输运营""物流成本与绩效管理"等。学徒培养期限为1—2年，特殊情况下可延长为3年，历经"职业适应和概览—职业细节和功能—职业综合和系统"等培养阶段，使学生从具有职业素养上升到具有职业经验。"二元四段四模块"的现代学徒制课程体系如图3所示。

（四）优化物流管理专业现代学徒制评价体系

随着物流行业数字化变革、工作场地界限淡化及更高层次教育与培训需求的持续高涨，"互联网+"日益渗透物流管理专业现代学徒制培养实施全流程。广西职业技术学院物流管理专业以虚拟仿真实训基地为依托，利用分布式集群服务器和"云渲染"技术创设了融合在线学习、远程虚拟仿真实训和远程直播的混合式授课方式。同时，搭建"物流管理专业现代学徒成长管理平台"，分为学徒管理、师资管理、学习资源和学习督导四个功能模块，从学生职业发展贡献、企业发展贡献、专业建设贡献三个维度进行质量评价。系统支持企业导师、学校导师、第三方评估机构和行业组织四方对学徒的学习行为进行举证、监督与评估，生成学徒成长图谱；利用大数据分析学徒社会沟通、技术技能、学科知识、数字素养和价值塑造五维成长轨迹，准确把握现代学徒制各利益相关者的真实情况；对教学管理和运行采用人工智能技术进行提升，对各类数据进行深度挖掘并努力使其交叉融合，进行问题分析和决策预测预警。以信息技术为管理手段的质量控制体系，涵盖现代学徒制培养前、培养中和培养后三个阶段，进行人才培养过程性、结果性和增值性评价的"三阶段、三维度、四主体"的评价，不断提升人才培养质量。

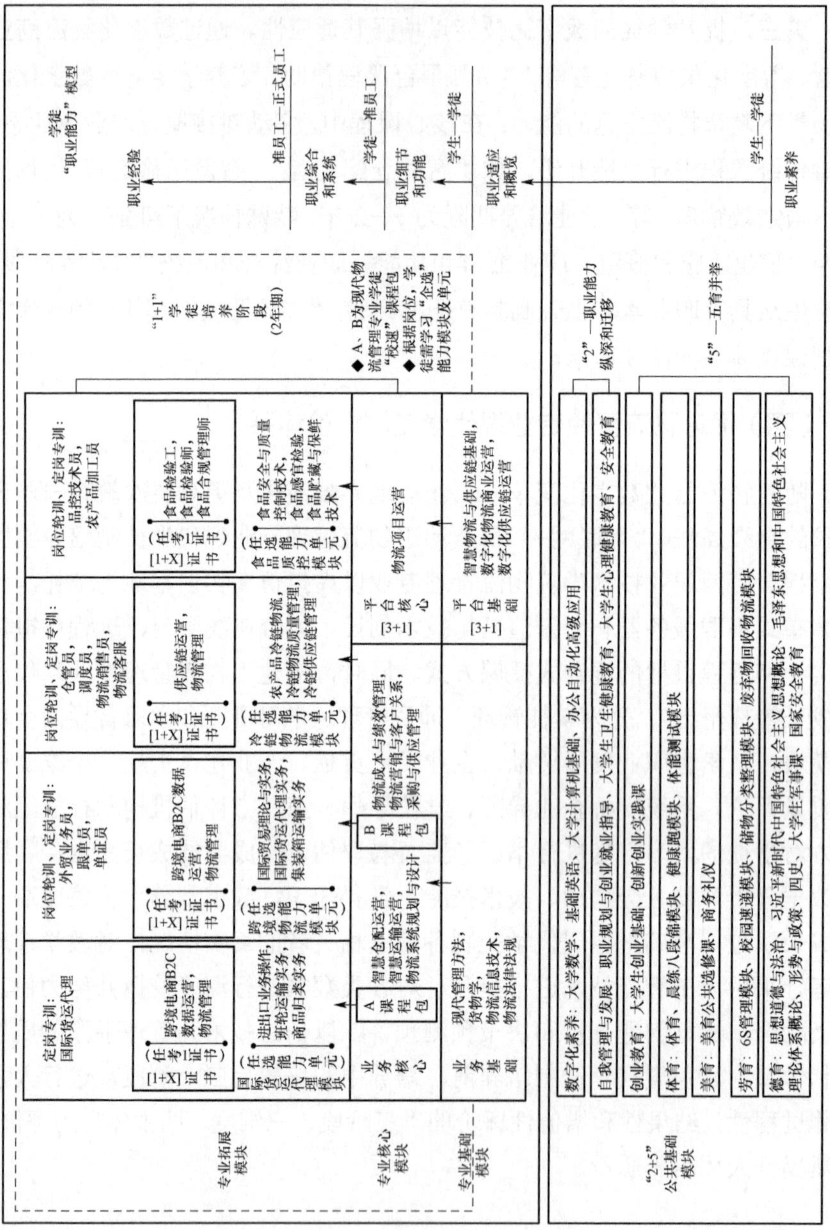

图 3 "二元四段四模块"的现代学徒制课程体系

五、结语

物流管理专业现代学徒制人才培养模式的研究与实践实现了精准对接物流业的共性需求和合作企业的个性需求，以标准化为引导、能力培养为主线，创新开发了多岗对接的模块化课程体系。该模块化课程体系将企业用人目标与现代学徒制培养目标紧密结合，实现教学内容与职业标准对接、学习环境与职业环境对接，有助于培养契合产业需求的人才。

【参考文献】

[1] 杨小燕. 现代学徒制的探索与实践[J]. 职教论坛，2012（9）：17-20.

[2] 李亚琦，蒋沁燕. 基于中国特色现代学徒制的校企合作长效管理机制研究：以广西生态工程职业技术学院现代物流管理专业为例[J]. 物流技术，2022，41（9）：144-146.

[3] 刘雪梅，李建春，吴砚峰，等. 高职院校物流管理专业现代学徒制培养的实践探索[J]. 广西教育，2021（15）：161-163.

[4] 杨小兰，韩春燕，马建国，等. 高职财经类专业现代学徒制："校企阶段性双轨交互式"人才培养模式实践路径研究[J]. 邢台职业技术学院学报，2022，39（3）：56-59.

高职院校物流管理专业现代学徒制
培养模式的实践探索

刘雪梅[①]　李建春[②]　吴砚峰[③]　沈　云[④]

现代学徒制是产教融合、校企合作的基本制度载体和有效实现形式，也是国际上职业教育发展的基本趋势和主导模式。中国在借鉴西方发达国家学徒制的基础上，以校企融合、工学交替培养为手段，将专业理论知识、行业操作标准、企业岗位技能相结合，探索建立校企联合招生、联合培养、一体化现代学徒制育人长效机制，通过学校、企业的深度合作与教师、师傅的联合传授，形成对学生以"专业知识+技术技能+职业素养"培养为主的现代人才培养模式。

一、现代学徒制相关概念的界定

（一）传统学徒制

传统学徒制是指在手工作坊或店铺中，徒弟通过对师傅观察、模仿以及得到师傅指导，习得知识和技能的一种传艺方式。这种古老的职业训练方法是学校教育出现之前的人类知识和文化传承的主要方式。对传统学徒制的最早记载可追溯到公元前 2100 年的古埃及汉谟拉比法典中工匠收纳养子传授技艺的规定，当时埃及的许多工匠、商贩、医生和牧师都是通过学徒制培养的。中国学徒制兴起于奴隶社会，发展完善于封建社会隋唐时

---

① 刘雪梅，广西师范大学教育学部博士研究生；广西职业技术学院。

② 李建春，广西职业技术学院。

③ 吴砚峰，广西职业技术学院。

④ 沈云，广西职业技术学院。

期官营手工业作坊中。有弟子三千的孔子、诸子百家中的墨子、木工的鼻祖鲁班、传授纺织技艺的黄道婆等都是培养学徒的良师。

（二）现代学徒制

现代学徒制起源于 20 世纪的英国、德国等西方国家，并随着第三次工业革命的兴起得到迅速的发展。现代学徒制是将职业院校人才培养与传统学徒制"师傅带徒弟"模式的学徒培训有机融合，企业深度参与职业院校人才培养全过程的一种现代职业教育制度。校企合作是现代学徒制的核心要素，因此，其利益相关方通过契约约束各方权责利，政府、行业、专业指导委员会和学校依法履行相关职责以保障实施成效，国家通过立法建立"双证书"制度，形成学徒制与国家职业资格框架体系相互融通的机制并进行逐步完善。与传统学徒制相比，现代学徒制以市场为目标导向，以培养大批高素质劳动者和技术技能人才为价值导向，强化校企"双主体"育人，更加注重人才培养体系、专业教学标准、职业技能标准以及教材、师资、实训基地和学生就业等方面的共建共担共享的全过程参与。

（三）企业新型学徒制

企业新型学徒制是构建中国产教协同发展和校企共同育人格局的有力举措。企业新型学徒制以培养知识型、技能型、创新型劳动者大军为导向，以企业职工为培养对象，有利于推行职业技能培训制度，明确企业为办学主体，采取企校"双师"带徒、工学交替培养的模式，实行弹性学制和学分制管理，鼓励和支持学徒利用业余时间分阶段完成学业。学徒制培养内容涵盖专业知识、操作技能和职业规范，以培养符合企业岗位需求的中、高级技术工人为主，培养期限为 1～2 年，学徒培训期满且考核合格方可取得职业资格（技能等级）证书。

二、物流管理专业现代学徒制试点项目的实施与成效

广西职业技术学院物流管理专业以中国首批现代学徒制试点项目为契

机，以广西物流职业教育集团为平台，与中国物流与采购联合会、广西德邦物流有限公司、上海环众物流有限公司等合作，引进英国物流标准，通过四方齐抓共管，培养广西物流管理高素质技术技能型人才，正式开启"中英现代学徒制"系统培养的有益探索。

（一）试点探索"中英现代学徒制"

英国现代学徒制是职业教育培养技术技能型人才的主要模式，其在英国国家战略的制度设计、多元参与的利益相关机构、多元培训标准、多元评价体系及多元选择的职业资格对接等方面改革成效显著。广西职业技术学院物流管理专业依托国家首批现代学徒制试点项目，借鉴英国现代学徒制经验，创新探索"四方协同、双主体培养、第三方机构独立监管"的"中英现代学徒制"人才培养模式。广西职业技术学院物流管理专业对接现代学徒制标准，2015 年首届学徒制培养采取"广西职业技术学院+广西德邦物流有限公司+中国物流与采购联合会+上海环众物流有限公司"联合开展"四方协同、校企双主体培养、第三方机构独立监管"的现代学徒制人才培养模式。其中广西职业技术学院和广西德邦物流有限公司为校企"双主体"培养现代学徒，中国物流与采购联合会全过程指导现代学徒制培养，上海环众物流有限公司负责现代学徒培养的质量监督与评价。四方分工明确，协作紧密，提高了现代学徒培养的科学性和合理性。2018 年，广西职业技术学院开展第二届物流管理专业现代学徒制培养，第二届学徒制培养汲取首届学徒制培养经验，以"四方参与、协同培养、监管独立"为原则，不断改进并采取以"广西职业技术学院+广西德邦物流有限公司+中国物流与采购联合会+广西物流教育教学指导委员会"为架构的广西地方特色物流专业现代学徒制培养模式。第二届现代学徒制培养规模在首届 10 名学生的规模基础上扩大到 30 名学生。

（二）确立校企"双主体"培养

广西职业技术学院作为现代学徒培养的主体之一，其主要职责是负责现代学徒人才培养方案的制定，负责构建课程体系，对现代学徒进行学籍管理；广西职业技术学院派出优秀教师队伍承担现代学徒制班级的课程授课任务，遴选优秀教师作为现代学徒制评估师，对现代学徒进行精心辅导，评估师定期到现代学徒的工作岗位进行岗位课程讲授，考核现代学徒的学习情况。广西德邦物流有限公司（企）作为培养主体之一，协助广西职业技术学院（校）制定现代学徒制人才培养方案和设计课程体系，遴选技术能力强的高级经理作为企业导师，负责现代学徒在企业岗位工作的传帮带教工作。

（三）实行招生招工一体化

广西职业技术学院与广西德邦物流有限公司在坚持合作共赢、责任共担的原则下，双方经过多次协商，制定了《物流管理专业现代学徒制联合招生招工方案》，构建了学校和企业联合招生、联合培养、一体化育人的长效机制。在首届学徒培养中，《物流管理专业现代学徒制联合招生招工方案》规定，按照广西德邦物流有限公司的岗位用人需求，由广西职业技术学院面向广西壮族自治区内 2014 年高中毕业生进行物流管理专业的招生，广西德邦物流有限公司在 2014 级物流管理专业新生中采取双向互选的方式，择优选取现代学徒，学校、企业、学徒签订现代学徒制人才培养协议，按照校企双方制定的现代学徒制人才培养方案进行精准培养，现代学徒在校期间享受企业员工的待遇。物流管理专业现代学徒制实现了"招生即招工、入校即入厂、校企联合培养"的新型人才培养模式，明确了学徒的企业员工和职业院校学生双重身份，提高了生产、服务、管理一线劳动者的综合素质和技术技能水平，很好地解决了合作企业招工难的问题。

（四）建立校企"双导师"制度

在首届学徒培养中，广西职业技术学院与广西德邦物流有限公司、上海环众物流有限公司三方联合制定了物流管理专业现代学徒制"双导师"培养制度，明确要求：现代学徒制企业导师是 10 名业务能力强、职业道德高尚的企业骨干人员，现代学徒制评估师是 9 名广西职业技术学院物流管理专业教师团队中教学经验丰富、师德师风高尚的教师，三方形成了校企互聘共用的管理机制。同时，"双导师"培养制度还明确了企业导师和现代学徒制评估师的权责利，建立了"双导师"的选拔、培养、考核、激励制度，提出将现代学徒制评估师的企业实践和技术服务纳入教师专业技术职务晋升的重要指标。

（五）建立四方齐抓共管的监管机制

学徒制相关方积极探索建立了"企业+学校+第三方评估机构+第四方主管部门（广西德邦物流有限公司+广西职业技术学院+上海环众物流有限公司+中国物流与采购联合会）"以及在此基础上构建的"企业导师+学校评估师+第三方内审员+第四方外审员"的四方齐抓共管、分工明确的立体化运行机制，保障了现代学徒制整个项目的成功、有序推进，确保企业、教师、学生在项目中普遍受益，形成了物流管理专业"中英现代学徒制"人才培养模式的主要特色，如图1所示。

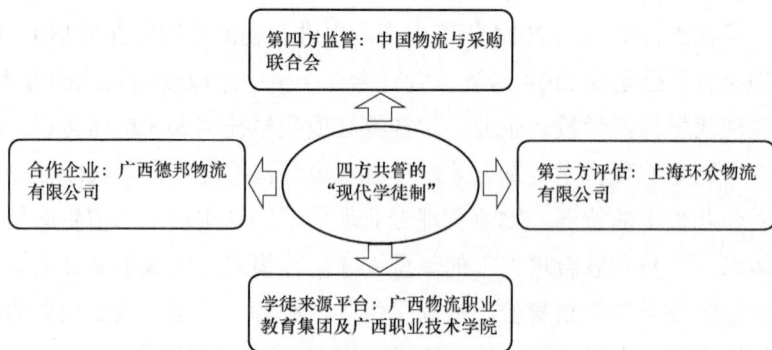

图1

第三方机构上海环众物流有限公司具体负责整个项目的设计、职业岗位知识标准构建、监督、考核工作，该机构具有专门的现代学徒制项目培训、项目执行、项目跟踪、项目考核网络系统，来自该单位的"第三方内审员"主要执行企业导师、学校评估师和学徒的培训、考核以及项目跟踪；广西德邦物流有限公司作为现代学徒制的培养执行单位，派出高级经理级别的专门"企业导师"，采用精益培养方式，按照岗位知识标准对学徒进行传帮带教；广西职业技术学院物流管理专业教师作为"学校评估师"负责对学徒每周进行一次岗位知识和岗位工作标准的传授、检查并实时整改;"第四方外审员"中国物流与采购联合会具体负责对上海环众物流有限公司在现代学徒制设计与执行过程中的全程管理。

(六)建立健全现代学徒制标准体系

建立健全现代学徒制标准体系主要有以下几点。

一是制定本土化现代学徒制培养标准。三方(广西德邦物流有限公司、上海环众物流有限公司和广西职业技术学院)结合广西物流行业特色发展需求,以广西德邦物流有限公司物流岗位知识与技能为参照,将英国物流现代学徒制培养标准进行本土化改造,共同制定中英结合的物流现代学徒制培养标准,即"中英结合,广西特色的物流管理专业现代学徒制培养模式"。该培养标准的主要内容涵盖了现代学徒单元标准、评估师单元标准、评估师执行标准、现代学徒单元综合练习册、现代学徒综合技能综合练习册、导师执行手册等。其中,评估师标准包括 3 个单元共 29 个知识点,现代学徒的每本手册包含 8 个单元共 112 个知识点和技能点。同时,该标准还明确了评估师的 11 种取证方法。

二是构建现代学徒制培养标准体系。在英国物流现代学徒制标准的基础上,根据中国物流行业实际发展需求及未来发展趋势对其进行本土化改造,进一步完善学徒制标准,构建物流管理专业现代学徒制标准体系,如图 2 所示。受中国物流与采购联合会委托与指导,广西职业技术学院联合上海环众物流有限公司和广西德邦物流有限公司共同制定了富有中国特色的"物流管理专业现代学徒制标准体系",学徒制标准体系包括物流管理专业现代学徒制职业院校准入标准、物流管理专业现代学徒制合作企业准入标准、物流管理专业现代学徒制第三方评估机构准入标准、物流管理专业现代学徒制学校导师准入标准、物流管理专业现代学徒制企业导师准入标准、物流管理专业现代学徒制学徒准入标准、物流管理专业现代学徒制的现代学徒出师标准、物流管理专业现代学徒制人才培养方案标准等 8 个标准共 300 项条款。2018 年 6 月,广西职业技术学院物流管理专业现代学徒制培养标准面向社会公布。

输出中国特色
现代学徒制标准体系

本土化改造

引进
国外先进标准

第三维度
现代学徒
培养标准

- 现代学徒制人才培养标准
  - 现代学徒5个岗位10门课程标准、导师单元标准
  - 管理制度标准、课程体系标准
  - 现代学徒单元标准、现代学徒评估标准
- 学徒出师标准 → 出师标准8条

第二维度
参与现代学徒培
养主体的选拔标准

- 现代导师选拔标准
  - 学校导师选拔标准 → 选拔标准15条
  - 企业导师选拔标准 → 选拔标准15条
  - 学徒选拔标准 → 选拔标准7条

第一维度
现代学徒制承担
单位的准入标准

- 现代学徒制职业院校准入标准
  - 合作企业标准 → 准入条款6条
  - 第三方评估机构准入标准 → 准入条款6条
  - → 准入条款6条

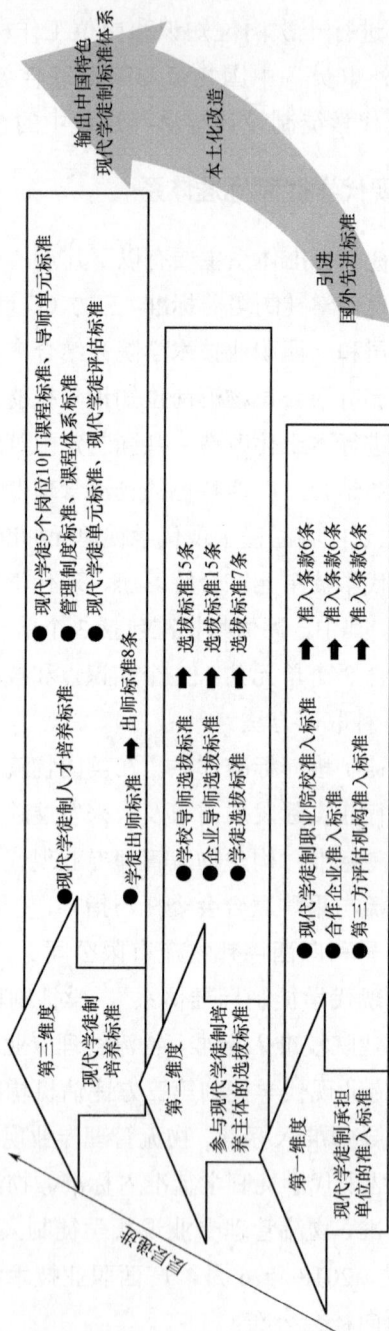

图 2 第二届现代学徒制标准体系构建

（七）加强现代学徒制推广应用

加强现代学徒制推广应用需要做到以下几点。

一是开展校校合作，面向国内中高职院校推广实践。以"引进、改造、输出"为思路，引进英国先进的现代学徒制培养标准，按照我国物流行业的实际情况进行本土化改造，在形成中国特色的物流管理专业现代学徒制标准体系实践基础上，广西职业技术学院借助广西物流职业教育教学指导委员会秘书单位的资格优势，与南宁职业技术学院、北海职业学院、防城港理工职业学校等广西壮族自治区内 8 所中高职院校以及湖北荆州理工职业学院、重庆城市职业技术学院等国内其他省区市的 5 所高职院校签订现代学徒制培养协议，面向国内中高职院校开展物流管理专业现代学徒制培养推广工作，使现代学徒制培养经验和成果惠及更多职业院校，助推广西现代职业教育发展。

二是借助全国物流行指委，面向国内同类院校推广应用。2018 年底，广西职业技术学院制定的物流管理专业现代学徒制培养标准体系通过全国物流行指委向国内 15 所职业院校进行首期推广，培养现代学徒数量达到2 000 多人。学徒制培养标准的科学性、实践性极大地激发了合作企业、教师和学生的积极性，取得了良好的职业教育改革效果。

三是利用中国–东盟边境职教联盟，面向东盟国家推广宣传。凭借广西毗邻东盟的区位优势，利用广西职业技术学院牵头成立的中国–东盟边境职业教育联盟中的中高职院校、行业企业资源，面向越南谅山高等师范专科学校、河内大学、海防大学等东盟国家学校推广、宣传物流管理专业现代学徒制标准体系，利用标准培养的 30 名现代学徒的职业道德规范、职业技能得到明显提升，其中 15 名学徒成为当地中资企业骨干，实现了海外中资企业人才本土化培养的初步目标；面向在校内物流管理专业学习的 7 名老挝留学生推广、宣传现代学徒制，其中 2 名留学生获得全国交通行指委举办的技能大赛三等奖。

总之，现代学徒制是将传统学徒制培训与现代学校职业教育相结合的合作教育制度。当前，中国职业教育进入了不断满足人民日益增长的美好生活需要的新时代。实践证明，现代学徒制是实现产教融合、校企合作的最佳形式，是高素质复合型技术技能型人才培养质量保障的有效途径。目前，产教融合、校企合作要求将政府主导转变为校企自主选择，因此，现代学徒制最为核心的是寻找产教融合的合理路径，形成国家层面的制度保障以及制度压力，即以完善的法律制度体系规范、监督校企合作并实施产教融合。

【参考文献】

[1] 廖礼平. 现代学徒制人才培养模式现状、问题及对策[J]. 职教论坛，2019（6）：134-139.

[2] 皮艳秋. 现代学徒制人才培养模式的实践探索[J]. 科技经济导刊，2019（26）：169.

[3] 蒋贻杰. 基于职业教育集团的现代学徒制培养模式探究[J]. 广西教育，2019（11）：114-116.

企业参与现代学徒制的制度保障机制建设

——以广西职业技术学院物流管理专业为例

史洪波①

企业参与是职业教育现代学徒制落到实处的先决条件。企业参与动力不足、校企协同育人形式化的问题构成制约我国现代学徒制人才培养质量的现实症结。广西职业技术学院物流管理专业作为国家首批现代学徒制试点建设专业，在引入英国物流行业标准、借鉴英国学徒制成熟模式的基础上，以职业教育的多元治理理论和制度经济学的产权理论为指导，结合国内的宏观制度环境、职业教育发展传统、区域物流企业的特殊性要求进行本土化改造，创新"利益驱动—标准约束—督服结合"的企业参与制度和保障机制，形成了校企协同育人的有序化局面。

一、企业参与宏观制度环境的缺失

国家层面的宏观统筹是英国现代学徒制得以贯彻执行的重要保障。为明确学徒制的国家战略地位、消除执行过程中的模糊性，英国政府相继发布了《为增长而开发技能》《英格兰学徒制的未来：执行计划》《英国学徒制：我们的 2020 愿景》等一系列政策性文件[1]。同时《学徒制、技能、儿童与学习法案》对学徒资格、培养标准、考核评价、各相关机构的职能等内容作出了详细的规定[2]，为学徒制的开展进行了专门立法。在法律法规和政策的支持下，英国现代学徒制构建了需求、供应、质量保障、综合支持的四大网络[3]，形成了完善的现代学徒制制度保障体系。我国先后颁布了《国务院关于加快发展现代职业教育的决定》（国发〔2014〕19 号）和《教育部关于开展现代学徒制试点工作的意见》（教职成〔2014〕9 号）两个政策性文件，这两个文件对学徒制的开展作了原则性的规定。与英国相

---

① 史洪波，广西职业技术学院。

201

比，由于我国职业教育院校办学的传统，使现代学徒制表现出更为强烈的"低企业合作与高学校整合"的特征[4]，以法律法规为引领的企业参与的宏观制度环境在一定程度上缺失。

（一）企业利益得不到保障

现代学徒制以人才培养为价值旨归，其生产性功能从属或服务于教育性功能[5]。由于教育具有显著的正外部效应，因此现代学徒制从整体上体现的是社会公共利益。企业是以产生经济价值为直接目的，因此其参与现代学徒制不具备同教育部门履行社会责任一样的天然合理性，而必然遵循"经济人假说"下对投资回报的理性选择。在英国，政府为了促进企业参与现代学徒制人才培养，根据学徒年龄给予企业全额或差额不等的培训费用补贴[2]，对企业进行有力的拨款支持和税收减免[6]，设立企业荣誉表彰榜等多种荣誉表彰和奖项[2]。这些措施的实施使企业"有利可图"，从而极大地调动了企业参与现代学徒制的积极性。然而在我国，由于缺乏教育与经济部门的政策互动以及法律法规提供的强有力支撑，上述以国家财政支持对企业进行的成本补偿措施还处于教育部门内部的政策倡议阶段。因此，企业参与现代学徒制面临着收入问题、成本的投资风险，仅仅依赖于企业对于社会责任等道德规约的自我感知，其对参与现代学徒制明显缺乏积极性，从而造成企业对现代学徒制不理会、不参与等"漠视"的态度。

（二）企业参与过程有失规范

现代学徒制的教育性功能要求企业参与现代学徒制人才培养要遵循人才培养的客观规律，服务于人才培养目标的实现。然而以追求经济利益为目的的企业对现代学徒制的功能期待更多是生产性的，希望现代学徒制人才培养能够服务于企业统一的生产计划和日常业务开展。现代学徒制的教育性功能与生产性功能在一定程度上的对立和冲突，使企业参与过程存在着行为失范的潜在风险。为克服这一风险，英国将现代学徒制纳入国家统一的职业资格框架之下，从而形成了完善的层次结构，并且对每一层级的现代学徒制项目都从能力、知识、关键技能、雇佣双方的权责关系四个方面作出详细规定[2]。同时，由行业专家和评估专家主导的学徒制学院、由雇主组成的"开拓者"小组及行业技能委员会共同开发统一的学徒制标准[3]。职业资格框架的规定和统一的学徒制标准为企业参与现代学徒制人才培养提供了过程性规范。

我国现代学徒制还处于微观层面多样化实践探索的阶段,统一的框架及学徒制标准等顶层制度设计的缺失,使企业往往将参与现代学徒制看成自身获取廉价劳动力的捷径,从而引发其在人才培养过程中对学徒放任自流、疏于指导、得过且过等"隐性渎职"行为。

（三）缺乏对企业参与的外部控制

在个体私利的短期显见优势下,企业出于自利动机的参与行为带有明显的非稳定倾向。同时,企业参与现代学徒制也面临着客观了解合作院校情况、寻找符合要求的学徒等渠道不畅的问题。在英国,这些问题的解决是通过外部控制实现的。一方面,教育、儿童服务和技能标准办公室,英格兰高等教育拨款委员会,高等教育质量保障办公室等共同构成现代学徒制项目的监督体系。机构间相互分工配合,通过提出建议、开展评估、进行检查,为保障现代学徒制项目质量提供全方位的监控[3]。另一方面,英国通过成立专门的国家学徒制服务机构以及建立官方网站,为企业参与现代学徒制提供信息、搜寻、匹配等多样化服务[2]。然而在中国,很多职业院校现代学徒制项目的开展是靠教师与合作企业中熟识人员的私人关系维系的,企业参与在某种程度上成为对职业院校的"施恩"行为。校企之间对现代学徒制项目需求程度的严重不平衡使学校更多地抱着"感恩"心态关注企业参与与否,而无暇顾及或难以解决企业参与的质量问题。同时,现阶段我国职业教育现代学徒制还处于校企之间直接对接的阶段,基于宏观统筹的协调机构尚未建立。这容易造成企业参与的外部监督与服务的双重缺位。

二、企业参与微观制度保障机制建设的实践探索

在博弈论中,规则决定着博弈者的战略选择,它为博弈者对他人行动进行合理预期进而做出理性战略决策提供参考信息。现代学徒制可以看作

是校企双方之间的一场互动博弈。制度作为规则的表现形式，构成企业行为选择的决定性因素。英国现代学徒制的开展被置于正式制度、有组织的国家统筹的宏观背景之下，然而我国现代学徒制宏观制度环境的缺失使企业面临着战略选择的不确定性，从而引发企业参与现代学徒制人才培养的短期行为。广西职业技术学院物流管理专业在学习借鉴英国现代学徒制的过程中，深入地反思模式移植的适应性问题，以微观层面"个别契约"形式的非正式制度弥补宏观正式制度供给的不足：一方面激活企业参与现代学徒制的积极性，另一方面规范企业参与现代学徒制的行为，创新"利益驱动—标准约束—督服结合"的企业参与微观制度保障机制，在一定程度上确保了现代学徒制人才培养的质量。

（一）利益驱动——企业参与的内在动力

个人利益是"人类行为价值的唯一而普遍的标准"[7]，而完善的制度设计能够达成多元利益诉求相互契合的"激励相容"状态，使个人追求自己的利益却"比他在真正出于本意的情况下更有效地促进社会的利益"[8]。因此，现代学徒制只有在坚持教育性功能的基础上，满足企业对其生产性功能的价值期待，才能使企业在主观追求自身利益的同时客观地促进人才培养的公益性目标的达成。广西职业技术学院物流管理专业与广西德邦物流有限公司（以下简称"德邦公司"）联合开展现代学徒制人才培养。人才和技术是企业最为宝贵的资源，在缺乏类似英国现代学徒制以及国家财税政策予以企业支持的条件下，广西职业技术学院以人才"精准供给"与"引智入企"为利益驱动，将现代学徒制与企业的生产经营活动相融合，激活企业参与的内在动力。一方面，参与现代学徒制项目的学徒依据相应的选拔制度由德邦公司的多名高级经理共同选定，对学徒培养质量规格的技术技能要求充分体现德邦公司的业务特色，同时以校、企、生三方协议的形式保证德邦公司对未来人才的优先选择权。另一方面，广西职业技术学院充分发挥师资队伍优势，广西职业技术学院物流管理专业教师深度参与德邦公司的技术开发和业务流程再造，定期为德邦公司的员工开展培训，为企业参与人才培养提供一定的成本补偿。上述举措使服务社会的公益性行为具有投资回报的盈利属性，极大地调动了德邦公司参与现代学徒制人才培养的积极性。

（二）标准约束——企业参与的过程性规范

规范是一种具有明晰性与合理性的共识，其核心要义在于确立标准。而标准的确立为现实行为划定了必要的限度与衡量参照，从而建立秩序与稳定预期。现代学徒制人才培养要遵循教育的一般规律，具有目标预设性与过程规范性。企业参与过程的规范性是达成预设人才培养目标的必然要求。这种规范性受企业本身的价值认同的影响，但最终企业受具有一定强制特征的外在标准的约束。广西职业技术学院选择的合作开展现代学徒制人才培养的德邦公司是广西本地规模最大、经济效益最好的物流企业，现代化的企业管理使其对规范文化具有较为深刻的价值认同。在此基础上，广西职业技术学院引入《英国皇家物流职业资质认证（CILT.UK）标准》《冷链物流从业人员职业资质标准》，针对广西面向东盟开展跨境冷链物流和跨境电商物流的区域行业特色以及德邦公司的业务要求进行本土化改造，最终形成包含 8 个业务单元、112 个知识点和技能点的专业人才培养标准，将物流管理人才培养质量规格的一般性要求与区域和企业的特殊性要求相结合；同时广西职业技术学院与德邦公司共同制定企业师傅资质标准和学徒考核评价标准，开发学徒手册和导师手册，为现代学徒制人才培养中两个最重要的微观主体明确"教"与"学"的尺度，提供评价的过程性依据。以上三大标准的制定以及配套手册的开发在一定程度上解决了诸如英国现代学徒制国家统一职业资格框架及学徒制标准缺乏的问题，规范了企业参与现代学徒制的行为。

（三）督服结合——企业参与的外部控制

外部监督是规范权力的必要条件，它赋予权力主体责任履行的自主性，防范权力自我膨胀的消极性。在现代学徒制项目中，企业被赋予了参与专业人才培养标准制定、提供师傅人选、管理学生实习实训过程等多项权力。这些权力的规范行使是保障人才培养质量的重要手段，但也潜藏着权力异化导致现代学徒制教育功能被遮蔽的风险。同时，市场交易普遍存在着潜在成本，由信息不对称所导致的不确定性是市场交易成本上升的主要影响因素。现代学徒制中校企"双主体"分属于不同的部门，由社会分工形成的行动逻辑差异使二者面临沟通不畅的协调困境。为防控这些问题产生，广西职业技术学院物流管理专业现代学徒制在传统校企"双主体"育人的基础上，与上海环众物流有限公司（以下简称"上海环众"）及中国物流与采购联合会合作，创新学校—企业—评估机构—行业主管部门"四方联动"的现代学徒制组织运行模式。作为评估机构的上海环众是国际知名物流咨询企业，作为行业主管部门的中国物流与采购联合会是兼具经济与教育职能的非营利性社会组织，二者共同参与学徒制项目的整个过程，充当学校和企业沟通的中介，并根据行业发展的需求审定专业人才培养标准，对企业师傅和学校导师进行培训以及跟踪培训过程并提出持续改进意见。评估机构和行业主管部门发挥了英国现代学徒制中校企"双主体"的上位组织架构的监督与服务功能，实现对企业参与的外部控制。

三、企业参与微观制度保障机制建设的理念创新

在国内现代学徒制宏观制度环境缺失、企业参与积极性不高，以及规范性有待提升的背景下，广西职业技术学院物流管理专业在引进英国物流行业标准的同时，参照其现代学徒制的成熟经验，进行企业参与微观制度保障机制建设的实践探索，取得了企业深度参与人才培养的良好效果。这一良好效果得益于广西职业技术学院物流管理专业以理念创新引领实践探索的科学路径。

（一）以产权理论回应企业的价值诉求

产权是"排他性地使用资产并获得收益的权利"[9]，它不仅包括实体形态的物品所有权，还包括行为权和使用权[10]。基于产权的交易是交易双方建立在对交易结果合理预期基础之上的对等行为。对企业来说，参与现代学徒制人才培养不具备不证自明的合理性，作为一种培训服务的使用权的让渡，企业应当获取等价的回报。广西职业技术学院物流管理专业现代学徒制以产权理论为指导，以人才"精准供给"与"引智入企"为利益纽带克服单纯以企业社会责任为号召的空泛性，极大地激发了企业参与的内生动力，形成了校企"双主体"育人的有效整合方式。

（二）以人本理念提出企业参与的质量要求

职业作为个体用于获得物质资料和实现自我完善发展的主要途径，是构成当代社会分层的重要标志。教育是连接个体与职业的中介，教育的人本理念深刻地表现为以高质量标准促进学生职业生涯的发展。职业教育现代学徒制作为个体实现从学校向工作岗位转变的最佳过渡形式，企业参与行为对人才培养质量以及学生未来的职业发展具有重要影响。广西职业技术学院物流管理专业现代学徒制以标准约束和监督规范外部企业行为，严把人才培养质量关。企业参与的规范意味着现代学徒制从校企合作的形式合理性向内涵合理性转变，从而彰显了以人为本的价值理念。

【参考文献】

[1] 刘育锋. 英国学徒制改革政策分析[J]. 中国职业技术教育，2017（18）：13-19.

[2] 李敏，潘彦娜. 英国学徒制体系及其制度建构[J]. 中国职业技术教育，2012（33）：69-72.

[3] 刘育锋. 英国学徒制治理新体系：基于网络治理的分析[J]. 职业技术教育，2017，38（28）：68-73.

[4] 吴建设. 高职教育推行现代学徒制亟待解决的五大难题[J]. 高等教育研究，2014，35（7）：41-45.

[5] 关晶，石伟平. 现代学徒制之"现代性"辨析[J]. 教育研究，2014，35（10）：97-102.

[6] 欧阳忠明，韩晶晶. 雇主参与现代学徒制的利益与权力诉求：基于英国学徒制项目调查报告的分析[J]. 教育发展研究，2014，34（11）：52-59.

[7] 周辅成. 西方伦理学名著选辑：下卷[M]. 北京：商务印书馆，1987.

[8] 亚当·斯密. 道德情操论（中英双语典藏本）[M]. 谢宗林，译. 北京：中央编译出版社，2009.

[9] 费方域. 企业的产权分析[M]. 上海：上海人民出版社，1998.

[10] 斯蒂芬·沃依格特. 制度经济学[M]. 史世伟，黄莎利，刘斌，等译. 北京：中国社会科学出版社，2016.

附录 A 现代物流管理专业系列标准

T/GXAS 312—2022 现代物流管理专业 现代学徒制企业导师专业能力要求标准内容请扫描以下二维码获取。

T/GXAS 313—2022 现代物流管理专业 现代学徒制学校导师专业能力要求标准内容请扫描以下二维码获取。

T/GXAS 314—2022 现代物流管理专业 现代学徒制学徒准入规范标准内容请扫描以下二维码获取。

T/GXAS 315—2022 现代物流管理专业 现代学徒制学徒出师要求标准内容请扫描以下二维码获取。

T/GXAS 316—2022 现代物流管理专业 现代学徒制合作企业等级划分标准标准内容请扫描以下二维码获取。

参考文献

[1] 周恩来. 中央人民政府政务院关于开展职工业余教育的指示[J]. 山东政报，1950（7）：32-34.

[2] 寇金和，徐泽星，魏化纯. 职业教育与培训管理教程[M]. 北京：经济日报出版社，1989.

[3] 刘少奇. 刘少奇论教育[M]. 北京：教育科学出版社，1998.

[4] 李蔺田. 中国职业技术教育史[M]. 北京：高等教育出版社，1994.

[5] 刘淑兰. 主要资本主义国家近现代经济史[M]. 北京：中国人民大学出版社，1987.

[6] 谢东宝. 德国职业基础教育年及其评价[J]. 职教论坛，2009（19）：59-61.

[7] 王承绪，徐辉. 战后英国教育研究[M]. 南昌：江西教育出版社，1992：203.

[8] 史洪波，唐锡海. 基于人力资本投资视角的现代学徒制度供给[J]. 成人教育，2018，38（9）：77-80.

[9] 李卫东，吴砚峰. 面向东盟培养区域特色物流专业人才的探索[J]. 中国职业技术教育，2018（1）：68-70.

[10] 杨清，吴立鸿. 四方协同创新现代学徒制人才培养模式的探索与实践[J]. 教育评论，2018（6）：85-88.

[11] 史洪波. 反思与重构：高职学生就业质量探析[J]. 职教论坛，2017（1）：61-65.

[12] 吴砚峰. 英法两国现代学徒制的比较与启示[J]. 广西职业技术学院学报，2018，11（3）：35-38.

[13] 吴砚峰. 中外现代学徒制发展研究综述与展望[J]. 广西职业技术学院学报，2021，4（5）：77-82.

[14] 吴砚峰. 高职现代物流管理专业现代学徒制标准体系构建[J]. 物流技术，2021，40（12）：152-155.

[15] 李爱雄，陈艺璇. 企业参与现代学徒制人才培养的动机分析与对策研究[J]. 广西职业技术学院学报，2023，16（3）：22-28.

[16] 李飞诚. 基于生态系统理论的现代学徒制人才培养研究[J]. 广西职业技术学院学报，2023，16（3）：29-34.

[17] 陈艺璇. 物流管理现代学徒制人才培养模式研究与实践：以广西职业技术学院为例[J]. 大学教育，2023（18）：124-127.

[18] 刘雪梅，李建春，吴砚峰，等. 高职院校物流管理专业现代学徒制培养的实践探索[J]. 广西教育，2021（15）：161-163.

[19] 史洪波. 企业参与现代学徒制的制度保障机制建设：以广西职业技术学院物流管理专业为例[J]. 高教论坛，2018（11）：14-16.

[20] 李卫东，吴立鸿. 基于英国现代学徒制的广西跨境物流人才培养探析[J]. 高教论坛，2018（5）：5-8.

[21] 蒋贻杰. 基于职业教育集团的现代学徒制培养模式探究[J]. 广西教育，2019（11）：114-116.

[22] 王秋雨，李小东，顾欣. 新时代高职高水平专业群现代学徒制人才培养探究[J]. 广西教育，2023（15）：111-114.

[23] 马进，黄海珍. 现代学徒制教学质量保障体系建设的探索研究[J]. 现代职业教育，2019（29）：8-9.

[24] 陈渝. 高职院校实施现代学徒制面临的问题及对策[J]. 广西教育，2016（47）：94-95.

[25] 黄海珍. 基于利益相关者理论的现代学徒制激励机制建设研究[J]. 广西职业技术学院学报，2019，12（3）：115-117.

[26] 吴玉锋. 现代学徒制教学组织与管理的实践：以广西职业技术学院为例[J]. 广西教育，2019（7）：114-116.